SANTO AFONSO DE LIGÓRIO

MEDITAÇÕES SOBRE
SANTA TERESA DE ÁVILA

Com novena, prática e ato de consagração

Tradução:
Pe. Cl

Direção editorial:	Pe. Fábio Evaristo R. Silva, C.Ss.R.
	Pe. José Luís Queimado, C.Ss.R.
Conselho editorial:	Cláudio Anselmo Santos Silva, C.Ss.R.
	Edvaldo Manoel Araújo, C.Ss.R.
	Ferdinando Mancilio, C.Ss.R.
	Gilberto Paiva, C.Ss.R.
	Marco Lucas Tomaz, C.Ss.R.
	Victor Hugo Lapenta, C.Ss.R.
Coordenação editorial:	Ana Lúcia de Castro Leite
Revisão:	Pe. Cláudio Mallmann, C.Ss.R.
	Luana Galvão
Diagramação e capa:	Bruno Olivoto

Título original: Considerazioni sopra le virtù, e pregi di S. Teresa di Gesù tratte dagli ammirabili suoi detti e fatti, insieme colla coronella in suo onore e una breve pratica per la perfezione. Date in luce da un Sacerdote della Congregazione del SS. Salvatore divoto della Santa. In: Opere di S. Alfonso Maria de Liguori, Pier Giacinto Marietti, vol. II, p. 433-466, Torino 1846

Dados Internacionais de Catalogação na Publicação (CIP)
de acordo com ISBD

L726m	Ligório, Afonso de, Santo
	Meditações sobre Santa Teresa de Ávila: com novena, prática e ato de consagração / Santo Afonso de Ligório ; traduzido por Claudiberto Fagundes. - Aparecida : Editora Santuário, 2022.
	128 p. ; 12,5cm x 17,5cm.
	Tradução de: Considerazioni sopra le virtù, e pregi diS. Teresa di Gesù tratte dagli ammirabili suoi detti e fatti, insieme colla coronella in suo onore e una breve pratica per la perfezione. Date in luce da un Sacerdote della Congregazione del SS. Salvatore divoto della Santa. In: Opere di S. Alfonso Maria de Liguori, Pier Giacinto Marietti, vol. II, p. 433-466, Torino 1846.
	ISBN: 978-65-5527-176-8
	1. Religião. 2. Cristianismo. 3. Meditações. I. Santa Teresa de Ávila. II. Título.
2022-403	CDD 240
	CDU 24

Elaborado por Vagner Rodolfo da Silva - CRB-8/9410

Índice para catálogo sistemático:
1. Religião : Cristianismo 240
2. Religião : Cristianismo 24

3ª impressão

Todos os direitos reservados à **EDITORA SANTUÁRIO** – 2025

Rua Pe. Claro Monteiro, 342 – 12570-045 – Aparecida-SP
Tel.: 12 3104-2000 – Televendas: 0800 0 16 00 04
www.editorasantuario.com.br
vendas@editorasantuario.com.br

SUMÁRIO

Introdução 5
Dados bibliográficos da obra 21

I. CONSIDERAÇÕES SOBRE AS VIRTUDES E
OS MÉRITOS DE SANTA TERESA DE JESUS 25
   1. Canção 27
   2. Pequena coroa para ser recitada
      em cada dia da novena 29
   3. Novena de Meditações 33
      1ª Consideração: Sobre como Santa Teresa
         teve o dom da fé e da devoção ao
         Santíssimo Sacramento 33
      2ª Consideração: Sobre como Santa Teresa
         teve o dom da esperança 39
      3ª Consideração: Do grande amor que
         Santa Teresa teve a Deus 46
      4ª Consideração: Do dom da perfeição
         que teve Santa Teresa 53
      5ª Consideração: Sobre a humildade
         de Santa Teresa 60

6ª Consideração: Sobre a devoção que
Santa Teresa teve à Santíssima Virgem
e ao glorioso São José 67

7ª Consideração: Sobre a ferida de amor que o
coração de Santa Teresa recebeu de Deus 73

8ª Consideração: Sobre o desejo da morte
que Santa Teresa teve 81

9ª Consideração: Sobre a preciosa morte
de Santa Teresa 88

4. Meditação para o dia 15 de outubro,
na festa de Santa Teresa 97

5. Breve prática para a perfeição,
recolhida da doutrina de Santa Teresa 101

II. ATO DE CONSAGRAÇÃO DE SANTO AFONSO A
SANTA TERESA DE JESUS 117

1. O Ato de Consagração de Santo Afonso
a Santa Teresa de Jesus (C. 1732) 119

2. Consagração a Santa Teresa escrita
por Santo Afonso 125

INTRODUÇÃO

Ele criou nos simples um coração de santos,
e de grandes santos.

"Afonso pôs nos lábios de todos, também dos analfabetos, as palavras de Teresa de Ávila e João da Cruz. Ele sugeriu ao povo os conceitos mais elevados com as fórmulas mais simples, os afetos mais místicos por meio das palavras mais cotidianas. Ele criou nos simples um coração de santos e de grandes santos" (DE LUCA, 131).

Santa Teresa de Jesus (1515-1582), conhecida como Santa Teresa d'Ávila, pela cidade espanhola que a viu nascer, exerceu uma das maiores influências na vida da Igreja dos tempos modernos. Ao declará-la Doutora da Igreja, em 1970, o Papa Paulo VI a reconheceu com as seguintes palavras: "Teresa possuiu a arte de expor estes segredos em grau tão elevado que se classificou entre os maiores mestres da vida espiritual. É por isso que sua estátua nesta Basílica, entre as fundadoras de Famílias Religiosas, tem uma inscrição que a define muito bem: *Mater spiritualium* (mãe dos espirituais ou da espiritualidade). Essa prerrogativa de Santa Teresa, a de ser mãe e mestra das pessoas que se dedicam à vida espiritual, já tinha sido admitida, podemos dizer, por consenso unânime: mãe de encantadora simplicidade e mestra de admirável profundidade" (PAULO VI, 1970). Também para Afonso de Liguori ela será "a seconda mamma, s. Teresa" (LIGUORI, 2004, Carta 11, 121).

Santo Afonso de Liguori (1696-1787) constitui um dos exemplos mais qualificados desse influxo extraordinário, como refere o próprio processo de doutoramento da Santa, pelo testemunho do superior-geral dos redentoristas, o brasileiro Tarcísio Ariovaldo do Amaral: "Nosso Pai, Santo Afonso Maria de Ligório..., sempre teve Santa Teresa como exímia doutora, sobretudo, em teologia espiritual. De fato, ele a escolheu como, em suas palavras, "minha particular mãe, mestra e advogada" (LIGUORI, *Cose di Coscienza*, p. 69) e dedicou-se ao estudo de suas obras desde a juventude. Por isso, imbuído da doutrina mística e ascética de Teresa, mais tarde, usou sua autoridade centenas e centenas de vezes em suas obras de espiritualidade para resolver as questões mais difíceis, tanto teóricas, quanto pastorais. E, na companhia dela, tornou-se o doutor da oração para todas as almas" (AMARAL, 27).

O que o padre-geral chama de companhia entre Afonso e Teresa transparece como alegria de partilhar o seguimento de Jesus Cristo, redentor e mestre de vida, até o ponto de, parafraseando o título do famoso ensaio "Angústia da Influência", do crítico literário Harold Bloom (BLOOM, 55), em Afonso podermos falar muito mais de "Alegria da Influência". Aliás, foi o próprio santo napolitano quem colocou nesses termos a questão das influências quando escreveu em sua *Theologia Moralis*: "São Basílio chamou os livros de alimento da alma, porque, como o alimento, entra agradavelmente no homem e depois se torna o próprio sangue do homem, assim também acontece com o livro que, ao ser lido, também é **lido agradavelmente** (pois quem lê contra a vontade?) e, dessa maneira, facilmente ocorre **de se tornar algo próprio do leitor**" (GAUDÉ, I, 254). Falar de Santa Teresa de Ávila é falar de um pensamento que Afonso fez próprio e não quis ficar apenas para si, é falar da primeira e mais forte alegria da influência de sua vida de escritor: "A colocação [da obra, em 4º lugar] na lista cronológica dos escritos de Afonso confirma a opinião dos que denominam *primordiais* as influências da grande mística de Ávila sobre a ascética de Santo Afonso" (DE MEULEMEESTER, 53).

... lido agradavelmente...

Como se sabe, as relações de Afonso com a cultura espanhola vêm de berço, "nasceu súdito espanhol, dentro de um vice-reinado de Nápoles integrado à monarquia espanhola" e, após um breve parêntese de dominação austríaca, "foi cidadão do Reino Livre de Nápoles, embora dependente da família dos Bourbon e, consequentemente, vinculado aos monarcas espanhóis" (VIDAL, I, 38). Não é de estranhar, portanto, que a "doutora de Ávila reinasse por direito próprio no lar dos Liguori, talvez como reminiscência de seu avô espanhol" e por ele ter "respirado santa Teresa desde seu primeiro choro: dona Ana é de origem espanhola pelos marqueses d'Avenia; ao menos quatro Teresas brilham em sua constelação familiar..." (REY-MERMET, 156), entre elas, sua quase-noiva, "sua prima Terezinha de Ligório, carmelita em Nápoles (+1724), sobre quem escreveu uma biografia e, também, as diversas redentoristas de Scala que tinham feito parte da Congregação Carmelita da Irmã Serafina di Capri (DE MEULEMEESTER, 53). Contudo, nesse ambiente familiar, "não era, então, mais do que um contato superficial" (REY-MERMET, 156).

Será no seminário que seu tio, cônego Pedro Marcos Gizzio, torná-lo-á um entusiasta teresiano, ao ponto de se obrigar ao mesmo voto da Santa de Ávila, ou seja, nas palavras de Afonso, "aquele grande voto, que assusta até mesmo os santos, chamado voto da Sagrada Rota, o voto mais árduo de todos, ou seja, de sempre fazer o que souber ser de maior perfeição"

(*Meditações sobre Santa Teresa de Ávila*, p. 57). "Na ascética e na mística, ela será sua *maestra*, sua 'mestra de oração'; em sua vida, sua segunda mãe, depois de Nossa Senhora. Doravante, quase todas as suas cartas trarão: 'Viva Jesus, Maria, José e Teresa'" (REY-MERMET, 156). Nenhum outro autor espiritual encontrou leitura tão entusiasta da parte de Afonso: "Está fora de discussão que [Afonso] leu repetidamente, com uma adesão entusiasmada, as obras de Santa Teresa [...]. Podem ser identificadas a tradução e a edição (de uma e outra, quando houve várias) por meio do confronto dos textos" (CACCIATORE, 127).

De modo geral, os estudiosos costumam identificar três grupos de fontes literárias especialmente influentes na espiritualidade afonsiana: a) o grupo espanhol, em que se destacam Teresa de Ávila e João da Cruz; b) o grupo francês, representado especialmente por Francisco de Sales; c) o grupo italiano, em que se destacam Paulo Segneri e João Batista Scaramelli. Mas, "se tivéssemos que reduzir ainda mais a lista de fontes, restringindo-a aos dois principais, a eleição também seria fácil: Francisco de Sales e Teresa de Ávila" (VIDAL, IV, 64), ou melhor, Teresa e Francisco, "após sua 'Mãe Teresa', Francisco será o mestre espiritual de quem ele mais beberá. Eles são, e desde o começo de seu seminário, a madrinha e o padrinho de sua santidade e de sua doutrina" (REY-MERMET, 159).

Portanto não foi apenas um fervor de principiante, pois, "após o encontro com a Palavra de Deus, seus maiores encontros e suas mais profundas amizades se travam com Teresa de Ávila e com Francisco de Sales" (REY-MERMET, 155). Na vida de Afonso, Teresa já tinha se tornado, há muito, *"mia maestra, santa mia"* (Lettere, I, 1, 7) e uma presença constante: "Como se sabe, era extremamente devoto da Santa Madre Teresa" (TANNOIA, I, 57). Constante também em seu diário íntimo, intitulado "Coisas de Consciência", já citado acima pelo padre-geral, em que foi anotando, entre 1726 e 1743, vários assuntos particulares, várias dúvidas e questões espirituais de um período bastante conturbado de sua vida. Nesse importante testemunho de seu desenvolvimento espiritual, encontra-se a, longamente inédita, "Consagração a Santa Teresa", acompanhada de uma série de promessas. Essa abertura quase acidental da presença teresiana em seus escritos, que será "numerosa e contínua, girando em torno de 1300 as citações da santa d'Ávila" (Cf. FERRERO DE PAZ, 45. 81. 99), nasce com sua promessa de "fazer todo o possível para que os outros vos honrem" que, por sua vez, Afonso cumprirá em 1743, dedicando-lhe seu primeiro livro... "Enquanto tiver olhos para trabalhar, será ela, após a Escritura, que ele mais lerá, a ela que mais citará. Duzentos e cinquenta anos antes que recebesse enfim o título, Teresa de Ahumada é a primeira Doutora deste Doutor da Igreja" (REY-MERMET, 157).

... de se tornar algo próprio do leitor...

É assim que surge, em 1743, seu primeiro livro, "Considerações sobre as virtudes e os méritos de Santa Teresa de Jesus", patrocinado por seu amigo, Domingos Letizia, e dedicado à duquesa dell'Isola, Maria Caraciollo. É verdade que ele já havia publicado alguns folhetos, como as "Máximas Eternas", "Canções Espirituais" etc. Mas essa é sua primeira obra com mais de 100 páginas, "que há muito tempo venho meditando" (LIGÓRIO, 2004, Carta 285, p. 629), uma espécie de cumprimento da promessa anotada no *Caderno de Consciência*: "A Novena propõe e reverencia Santa Teresa como mestra e modelo das virtudes cristãs mais fundamentais: fé e devoção à Eucaristia, esperança, amor divino, desejo de perfeição, humildade, devoção a Maria e a São José" (FAMILIA, 321).

A obra pertence à mesma época em que estava preparando suas "Visitas ao Santíssimo Sacramento", em que uma das fontes também é "sua mãe Teresa de Ávila, acima de tudo, explicitamente citada cinco vezes" (REY-MERMET, 411). No entanto, com seu título "Novena", corre o risco de ser considerada uma obra menor, "de passar despercebida, esmagada pelas grandes obras que serão publicadas a partir de 1750. E é pena...", pois, embora seja um dos primeiros testemunhos escritos, constitui o fruto das décadas de amadurecimento espiritual de seu autor, pois "já se manifesta totalmente seu pensamento e sua conduta quanto à ascese. Este 'já' é, aliás, normal: Afonso, aos quarenta e seis anos, é um homem 'feito'" (REY-MERMET, 382).

À Novena segue uma *Breve prática da perfeição extraída da doutrina de S. Teresa*, em que já se manifesta totalmente seu pensamento e sua conduta quanto à ascese" (REY-MERMET, 382). Embora a obra seja testemunho da ânsia pastoral afonsiana de partilhar uma experiência que entende altamente significativa, não é apenas trabalho de divulgação, mas de um "original intérprete da Santa" (GREGÓRIO, 195), ou seja, "a relação do pensamento afonsiano com essas fontes não é de dependência servil" (VIDAL, IV, 71). Assim, nesta "Breve prática", já vemos as raízes dos grandes desenvolvimentos que se seguiriam: "Sua grande obra para religiosas, *A verdadeira esposa* (1760), nada mais será do que a ampliação daquelas vinte páginas, cujo plano conservará idêntico; sua obra-prima, *Prática de amar a Jesus Cristo* (1768), suas admiráveis *Reflexões devotas* (1763) não dirão coisas diferentes" (REY-MERMET, 382). Sobre o famoso poema teresiano "que muero porque no muero" Afonso ainda escreveu uma canção: *In onore di S. Teresa sopra le sue parole: "Moro, perché non moro"*, também publicada nas *Considerazioni sopra le virtù e pregi di S. Teresa di Giesù*, Napoli, 1743 (Cf. VECCE, 394).

Mas não é apenas na espiritualidade que essa influência se fará notar. O realismo e o discernimento teresianos aparecerão também em suas obras morais: "Até em seu *Homo apostolicus*, obra dirigida aos confessores e diretores de almas, o Santo Patrono dos Moralistas invoca as iluminadas recomendações teresianas quando trata do discernimento dos espíritos e da avaliação de fenômenos extraordinários" (FAMILIA, 322). Como se não bastasse, chega mesmo a usar o "Diga-me, Santa Teresa teria agido assim como você agiu?" (LIGÓRIO, 2004, Carta 63, p. 214), quando da crise com Maria Celeste. Ou encontrar na santa de Ávila as raízes de sua doutrina sobre a oração: "Diz ainda a minha cara advogada e mestra, Santa Teresa, que, para obter de Deus as graças, a única porta é a oração, e fala expressamente da oração mental. Fechada esta porta, diz a santa: 'Eu não sei como chegarão as graças até a alma'. E, se nem a santa sabe, declaro que muito menos o saberia eu..." (LIGÓRIO, 1962, p. 210-211).

Já o texto de abertura da *Prática*: "Toda a perfeição consiste em pôr em prática estas duas coisas: o desapego das criaturas e a união com Deus. Tudo está dito na grande máxima que Jesus Cristo nos legou: 'Se alguém quer vir após mim, negue-se a si mesmo, tome sua cruz e siga-me' (*Mt* 16, 24)" compondo a leitura teresiana com o Evangelho em uma "fórmula simples e vigorosa, sublinhada por ele no texto, é de cunho afonsiano. Ela encerra a síntese definitiva de sua doutrina ascética" (VIDAL, IV, 317). Para Rey-Mermet:

"Aí está, em evidência, o famoso *distacco*, o desapego de espírito e de coração. Mais do que a 'purificação do espírito', cara aos intelectuais do século XIII, ele arrebata o homem inteiro – pensamentos e sentimentos – das realidades caducas. Dentro de um respeito pleno e admirativo da criação – homem e mundo –, ele não despreza, nem a felicidade, nem a beleza, nem a riqueza, nem a grandeza, como era de praxe no século XIV. Mas, em tudo isso, não reconhece valor a não ser em Deus e para Deus.
Logo, desapego dos prazeres, dos bens, da estima própria, isto é, das três concupiscências postas em evidência por São João (1Jo 2,15-17). Usar delas conscientemente, sim; amá-las, não. É preciso não errar no amor. E ele pormenoriza:
– desapego dos prazeres, consequentemente, dos humores e do mau humor; desapego das amizades sensíveis e da família; desapego da vontade própria e das alegrias dos sentidos (contemplar um livro de preferência à bela duquesa, comer escassamente e coisas amargas, dormir pouco e em leito duro, acariciar-se com cilícios e disciplinas; fechar a boca às fanfarronadas, os ouvidos às tagarelices);
– o desapego da estima, com a ressalva do escândalo: fazer pouco dela, fugir dos louvores, das honras (a mitra!); saborear as acusações e os desprezos; 'suplicar a Deus a graça de ser desprezado por seu amor'".

Por seu amor, precisamente: para unir-se a ele: *unione*. Ter somente um temor: o do pecado, que nos separa dele (daí a consciência de Afonso, desde cedo, ter-se tornado *timorata*). Ter somente uma vontade: a vontade de Deus. Inflamar e reavivar, sem cessar, a união na meditação; alimentá-la na comunhão; suplicá-la na prece; vivê-la conscientemente pelo exercício de sua presença; buscá-la com insistência nos exercícios espirituais e na celebração das festas de Natal, da Paixão, de Pentecostes, de Nossa Senhora (a Páscoa-Ressurreição seria hoje mais sublinhada); concretizá-la, por fim, no amor ao próximo.

Desapego-apego: corresponde à "esquerda-direita" que os psicólogos modernos analisam em todo progredir do homem. É a sabedoria dos hindus, a via de Buda: desligar-se do mundo, onde nada há de consistente, para ir à descoberta de uma plenitude. Mas que plenitude? Para essa questão Buda somente tem seu enigmático sorriso. Claude Lévi-Strauss, no final de sua viagem aos *Tristes trópicos*, em que, finalmente, todas as sociedades lhe fizeram aprender que nada tem sentido, deseja "desprender-se" de tudo – é ele que sublinha – para apanhar a essência daquilo que é o homem "na contemplação de um mineral mais belo que todas as nossas obras, no perfume respirado no cálice de um lírio, ou no piscar de olhos que uma cumplicidade involuntária permite, às vezes, trocar com um gato". Se, na perspectiva das sabedorias terrestres, consistir nisso a única contrapartida do desapego voluntário, ele é tão triste como os trópicos; com uma clarividência desiludida, ele somente troca um contrassenso por outro. E é assim que compreendemos melhor o frenesi daqueles que se obstinam em gozar de tudo antes de naufragar na lata de lixo do contrassenso universal.

Em Santa Teresa de Ávila e em Santo Afonso, o desapego é um salto para frente, em direção daquele que é, pessoalmente, a Plenitude. *Unione*: união a Deus, diz Afonso. É por isso que sua **Breve prática** termina com este aforisma de Teresa: "Que teu desejo seja de ver a Deus; teu temor, de perdê-lo; tua alegria, tudo o que pode conduzir a ele". E ele comentará trinta anos mais tarde:

> "Para chegarmos a amar a Deus de todo o coração, necessário se faz desapegarmo-nos de tudo o que não é Deus e somente a ele tender...
> Amar a Deus de todo o coração comporta duas coisas: a primeira é o rompimento com todo apego que não é para Deus e conforme Deus... O segundo é a oração, pela qual o santo amor invade o coração. Mas, se o coração não se esvazia na terra, o amor não pode entrar, porque o lugar está tomado. Ao contrário, um coração desapegado de todas as criaturas imediatamente se inflama de um amor divino, que cresce a qualquer sopro da graça".

E temos, então, a santidade. Para os cocheiros de Nápoles, para os cabreiros de Scala, para os vaqueiros das pastagens salernitanas tanto quanto para os 'redentoristas' ou para as religiosas" [REY-MERMET, 383-384].

Portanto, apresentamos duas obras de Santo Afonso:

1. **Considerações sobre as virtudes e os méritos de Santa Teresa de Jesus** (no índice Ferrero-Bolland das 128 obras de Santo Afonso é a obra número 4).

Compreende:

a) uma canção: "Sopra le sue parole: 'Moro, perché non moro'".
b) uma coroa: "Pequena Coroa para ser recitada em cada dia da novena".
c) Novena de meditações.
d) Meditação para o dia 15 de outubro, na festa de Santa Teresa.
e) Breve prática para a perfeição, **recolhida da doutrina de Santa Teresa.**

2. **O Ato de Consagração de Santo Afonso a Santa Teresa de Jesus** (no índice Ferrero-Bolland das 128 obras de Santo Afonso é a obra número 112).

Pe. Claudiberto Fagundes, C.Ss.R.

Referências

AMARAL, Tarcísio Ariovaldo do. 7. Litterae Postulatoriae, p. 27. In: *Urbis et Orbis. Concessionis tituli Doctoris et extensiones eiusdem tituli ad universam Ecclesiam necnon Officii et Missae de Communi Doctorum Virginum in honorem S. Teresiae Abulensis Virginis, Ordinis Carmelitarum Discalceatorum Parentis.* Romae: Ex typis Guerra et Belli, 1969.

BLOOM, Harold. *A angústia da influência.* Uma teoria da poesia. Rio de Janeiro: Imago, 1991.

CACCIATORE, Giuseppe. Le fonti e i modi di documentazione. In: VV. AA. *Introduzione generale* (alle Opere ascetiche). Roma, 1960, p. 117-290.

DE LUCA, Giuseppe. *Sant'Alfonso. Il mio maestro di vita cristiana.* Roma, 1983.

DE MEULEMEESTER, Maurice. *Bibliographie générale des écrivains rédemptoristes,* vol. 1. Haya-Lovaina, 1933-1939.

FAMILIA, Simeón de la S. Santa Teresa, doctora entre los doctores de la Iglesia. In: *Ephemerides Carmeliticae* 21 (1970/1-2) p. 301-353.

FERRERO, F.; BOLAND, S. J. *Las obras impresas por S. Alfonso María de Liguori*: Studia et Subsidia de vita et operibus S. Alfonsi Mariae de Ligorio (1696-1787) (Roma, 1990) 485-543.

GAUDÉ, Léonard. S. Alphonsi Mariae de Ligorio, Doctoris Ecclesiae, *Opera Moralia. I. Theologia Moralis*. Editio nova cum antiquis diligenter collata, in singulis auctorum allegationibus recognita, notisque criticis et commentariis illustrata cura et studio P. Leonardi Gaudé, C.Ss.R., Romae 1905-1912. Vol. 1.

GREGORIO, Oreste. *Canzoniere alfonsiano. Studio critico estetico col testo* (Angri, 1933).

LIGUORI, Afonso Maria de. *Carteggio*. A cura di Giuseppe Orlandi. Vol. 1. Roma: Edizioni di Storia e Letteratura, 2004.

LIGÓRIO, Afonso Maria de. Necessità dell'orazione mentale. In: CACCIATORE, G. *Opere Ascetiche*. Vol. II. Roma: Edizioni di Storia e Letteratura, 1962.

PAULO VI. Santa Teresa, Doutora da Igreja. In: Petrópolis: Vozes, *SEDOC*, vol. 3, janeiro 1971, p. 795.

REY-MERMET, Théodule. *Afonso de Ligório: uma opção pelos abandonados*. Aparecida: Santuário, 1984. Tradução: Pe. José Braz Gomes, C.Ss.R.; Carlos Felício da Silveira.

TANNOIA, Antonio Maria. *Della vita, ed istituto del venerabile servo di Dio Alfonso Mª Liguori*. Nápoles, 1798-1800-1802.

VECCE, Carlo. Alfonso e il cantico dei cantici. In: *Alfonso M. De Liguori e la civiltà letteraria del Settecento*. Atti del Convegno internazionale per il tricentenario della nascita del Santo (1696-1996). Firenze: Leo S. Olschki, p. 389-401.

VIDAL, Marciano. História da Teologia Moral de Trento ao Vaticano II: Afonso de Liguori (1696-1787), o triunfo da benignidade frente ao rigorismo. Volume I: A Paisagem. O Personagem. Aparecida: Santuário, 2022.

VIDAL, Marciano. História da Teologia Moral de Trento ao Vaticano II: Afonso de Liguori (1696-1787), o triunfo da benignidade frente ao rigorismo. Volume IV: A Espiritualidade Afonsiana. Aparecida: Santuário, 2022.

DADOS BIBLIOGRÁFICOS DA OBRA

Considerazioni sopra le virtù, e pregi di S. Teresa di Gesù tratte dagli ammirabili suoi detti e fatti, insieme colla coronella in suo onore e una breve pratica per la perfezione. Date in luce da un Sacerdote della Congregazione del SS. Salvatore divoto della Santa. Stampate a spese del R. Sac. D. Dom. Letizia, Napoli 1743.

Considerações sobre as virtudes e os méritos de Santa Teresa de Jesus, tiradas de suas admiráveis palavras e obras, com uma pequena coroa em sua honra e uma breve prática para a perfeição. Dada à publicação por um sacerdote da Congregação do Santíssimo Salvador, devoto da santa. Publicada às custas do Rev. Sac. D. Dom Letizia, Nápoles, 1743.

Edições durante a vida de Santo Afonso: 1743, Napoli, Naso. 1745, Napoli (segundo o *Decreto de Revisão e Aprovação das Obras*, 1803). 1783, Bassano, Remondini, junto com a *Novena do Coração de Jesus*, in 12, p. 43-122. 1785, Napoli, Paci, in: 12, p. 32.

A obra compreende: 1. Nove considerações sobre as principais virtudes de Santa Teresa. 2. Uma pequena coroa em sua honra. 3. Um compêndio de perfeição tirado dos ensinamentos da santa (p. 86-103 na edição de 1743). 4. Um cântico (p. 2).

O Elenco das *Atas do Doutorado* data a obra como sendo de 1745, mas essa informação deve ser corrigida, pois a edição *princeps* é de 1743 e, dela, temos um exemplar conservado no convento dos redentoristas de Pagani. Também sabemos que o manuscrito estava pronto desde 1743 porque, no dia 22 de abril do referido ano, o Pe. Sportelli pediu ao Mons. Falcoia autorização para a publicação, em nome de Santo Afonso. Uma pessoa piedosa, dizia ele, tinha assumido as despesas da impressão. Trata-se, provavelmente, da princesa de Isola, Dona Maria Caracciolo, a quem a novena é dedicada.

As primeiras edições foram anônimas. A obra é o primeiro trabalho de Santo Afonso que recebeu aspecto de livro. Conta 104 páginas. O lugar que ocupa na lista cronológica dos escritos do Santo confirma a opinião dos que chamam de *primordiais* as influências da grande mística de Ávila sobre a visão ascética de Santo Afonso. De fato, ele entrou muito cedo em contato com a doutrina espiritual de Santa Teresa por meio de seu parente, o cônego Matteo Gizzio, de sua prima Terezinha de Ligório, carmelita em Nápoles

(†1724), de quem escreveu uma biografia e, também, por intermédio de diversas redentoristas de Scala que tinham feito parte da Congregação Carmelita da Irmã Serafina di Capri.

Santo Afonso cita muitas vezes essa fundadora em seus escritos (Ir. Serafina di Capri), da qual seu primeiro diretor, Pe. Pagano, tinha publicado uma biografia. Tannoia assegura que os carmelitas tributaram especial estima a essa novena por divulgar muito bem o conhecimento de sua grande reformadora.

Na *Breve Prática para a Perfeição*, que ocupa 17 páginas da edição de 1743, Santo Afonso sintetizou o ensinamento de Santa Teresa sobre o desapego e a união com Deus. É sobre esse esquema que ele construirá, mais tarde, em 1760, seu grande tratado *A Verdadeira Esposa de Jesus Cristo*.

O elenco das *Atas do Doutorado* coloca a publicação dessa pequena obra em 1752. Portanto comete um erro de, mais ou menos, 10 anos.

Pe. Maurice De Meulemeester
Bibliographie générale des écrivains rédemptoristes,
Louvain 1933, p. 53-54

NT: O texto italiano é das: OPERE ASCETICHE. In: *Opere di S. Alfonso Maria de Liguori*, Pier Giacinto Marietti, vol. II, p. 433-466, Torino 1846.

Textos bíblicos da tradução da vulgata: BÍBLIA SAGRADA. Rio de Janeiro: Delta, 1980. Trad.: Antônio Pereira de Figueiredo.

CONSIDERAÇÕES SOBRE AS VIRTUDES E OS MÉRITOS DE SANTA TERESA DE JESUS

tiradas de suas admiráveis
palavras e obras, com

UMA PEQUENA COROA EM SUA HONRA
E UMA BREVE PRÁTICA PARA A PERFEIÇÃO

Dada à publicação por um sacerdote da
Congregação do Santíssimo Salvador,
devoto da santa.

Publicada sob patrocínio
do Rev. Sac. D. Dom. Letizia

1743

1
CANÇÃO

SOPRA LE SUE PAROLE
"Moro, perché non moro".

O Angeli amanti, che in Cielo più ardete,
Dal Cielo venite, e voi soccorrete,
Quest'anima eletta,
Ch'è Sposa diletta,
Del vostro adorato diletto Gesù.

L'Amante dell'alme, l'Amore, la Vita,
Con dardo di fuoco così l'ha ferita,
Che 'l nobil suo Core,
Già spira, già more,
Ardendo, languendo per chi la ferì.

È troppo l'affanno d'un core piagato,
Amare e trovarsi lontan dall'Amato:
Voi dunque venite,
E almen compatite,
Teresa, che geme lontan dal suo Ben.

L'ardor di vedere l'amato Signore,
Nel mentre l'infiamma, la strugge d'amore.
Quel dolce desio,
D'unirsi con Dio,
Perché non l'uccide, la morte le dà.

Ma s'altri non viene, Tu vieni, o Diletto,
Che fiamma sì cara accendesti in quel petto.
Sta infermo il suo core,
Piagato d'amore,
Tu, che lo piagasti, Tu sanalo ancor.

La Sposa in piacerti fedele t'è stata,
E tutto lasciando a Te tutta s'è data:
Or troppo Ella t'ama,
Sospira, ti brama,
A Te vuol venire, contentala Tu.

2
PEQUENA COROA PARA SER RECITADA EM CADA DIA DA NOVENA

I. Amabilíssimo Senhor Nosso, Jesus Cristo, nós vos agradecemos os grandes dons da *fé* e da *devoção ao Santíssimo Sacramento*, concedidos a vossa amada Teresa. Por vossos méritos e os méritos dessa vossa fiel esposa, pedimos que nos concedais o dom de uma fé viva, juntamente com uma fervorosa devoção ao Santíssimo Sacramento do altar, onde, majestade infinita, vós vos obrigastes a ficar conosco até o fim dos séculos e onde inteiramente vos dais a nós com tanto amor.

Pai-nosso, Ave-Maria, Glória etc.
Jesus, que de Teresa
Feriste o belo peito,
Com dardo d'amor perfeito,
Feri também a mim. (*E assim se repete sempre).

II. Piedosíssimo Senhor Nosso, Jesus Cristo, nós vos agradecemos o grande dom da *esperança*, concedido

a vossa amada Teresa. Por vossos méritos e os dessa vossa fiel esposa, pedimos que nos concedais uma grande confiança em vossa bondade, por vosso sangue, derramado completamente por nossa salvação.
Pai-nosso, Ave-Maria, Glória, Jesus, que de Teresa...

III. Amorosíssimo Senhor Nosso, Jesus Cristo, nós vos agradecemos o grande dom do *amor*, concedido a nossa amada Teresa. Por vossos méritos e os dessa vossa amorosíssima esposa, pedimos que nos concedais o grande e principal dom de vosso perfeito amor.
Pai-nosso, Ave-Maria, Glória, Jesus, que de Teresa...

IV. Dulcíssimo Senhor Nosso, Jesus Cristo, nós vos agradecemos o dom, concedido a vossa amada Teresa, do grande *desejo* e da *resolução* que ela teve de vos amar de modo perfeito. Por vossos méritos e os dessa vossa generosíssima esposa, pedimos que nos concedais verdadeiro desejo e verdadeira resolução de vos agradar o máximo que pudermos.
Pai-nosso, Ave-Maria, Glória, Jesus, que de Teresa...

V. Benigníssimo Senhor Nosso, Jesus Cristo, nós vos agradecemos o grande dom da *humildade*, concedido a vossa amada Teresa. Por vossos méritos e os dessa vossa humílima esposa, nós vos pedimos que nos concedais a graça de uma verdadeira humildade, alegrando-nos em sempre vivermos humilhados e amando os desprezos mais que quaisquer honras.

Pai-nosso, Ave-Maria, Glória, Jesus, que de Teresa...

VI. Liberalíssimo Senhor Nosso, Jesus Cristo, nós vos agradecemos o dom, concedido a vossa amada Teresa, da amorosa *devoção a vossa dulcíssima mãe Maria e a seu santo esposo José*. Por vossos méritos e os dessa vossa gratíssima esposa, nós vos pedimos que nos concedais a graça de uma especial e terna devoção a vossa Santíssima Mãe Maria e a vosso pai adotivo e amado José.

Pai-nosso, Ave-Maria, Glória, Jesus, que de Teresa...

VII. Amorosíssimo Senhor Nosso, Jesus Cristo, nós vos agradecemos o singular dom da *ferida no coração*, concedido à amada dileta Teresa. Por vossos méritos e os dessa vossa ardentíssima esposa, pedimos que nos concedais semelhante ferida de amor para que, de hoje em diante, não amemos, nem pensemos em amar a outro que não seja a vós.

Pai-nosso, Ave-Maria, Glória, Jesus, que de Teresa...

VIII. Diletíssimo Senhor Nosso, Jesus Cristo, nós vos agradecemos o dom, concedido à vossa amada Teresa, do grande *desejo* que ela teve por *sua morte*. Por vossos méritos e os dessa vossa constantíssima esposa, pedimos que nos concedais a graça de desejar a morte para podermos ir possuir-vos eternamente na pátria bem-aventurada.

Pai-nosso, Ave-Maria, Glória, Jesus, que de Teresa...

IX. Caríssimo Senhor Nosso, Jesus Cristo, finalmente, nós vos agradecemos o dom, concedido a vossa amada Teresa, de sua preciosa *morte*, fazendo-a docemente morrer pelas mãos do amor. Por vossos méritos e os dessa vossa afetuosíssima esposa, pedimos que nos concedais uma boa morte; e, se não pelas mãos do amor, ao menos ardendo de amor por vós, para que, assim morrendo, possamos ir, então, amar-vos no céu eternamente com amor mais perfeito.

Pai-nosso, Ave-Maria, Glória, Jesus, que de Teresa...
– Rogai por nós, Santa Teresa,
– para que sejamos dignos das promessas de Cristo.

Oremos:
Ouvi-nos, Deus nosso Salvador, para que, assim como nos alegramos com a festa de Santa Teresa, vossa virgem, da mesma forma sejamos nutridos pelo alimento de sua celeste doutrina e instruídos por sua afetuosa e piedosa devoção. Por Cristo, Nosso Senhor. Amém.

3
NOVENA DE MEDITAÇÕES

1ª Consideração
*Sobre como Santa Teresa teve o dom
da fé e da devoção ao Santíssimo Sacramento*

Nossa santa recebeu de Deus tal dom de fé que, ela mesma, escreveu estas palavras em sua *Vida*: "O demônio jamais teve força para me tentar, de qualquer maneira, contra a fé: pelo contrário, parecia-me que, quanto mais eram impossíveis as coisas que a fé ensina, naturalmente falando, tanto mais eu acreditava com maior firmeza de fé; e, quanto mais difíceis de crer, mas me inspiravam devoção". Certa vez lhe disseram que poderia ser levada ao Santo Ofício; então escreveu: "Comecei a rir, pois sabia muito bem que, pelas coisas da fé ou pela menor rubrica da Santa Igreja, estaria pronta a dar mil vezes minha vida".

Quando ainda era uma menina de sete anos, esse amor pela santa fé a animou a deixar a casa paterna com um irmãozinho, a fim de viajar até a África e oferecer sua vida em honra da fé. Mais tarde, na idade adulta, tinha tal certeza da fé que se considerava suficientemente animada para convencer sozinha todos os luteranos e fazê-los reconhecer seus erros.

Em suma, Santa Teresa era tão contente de estar entre os filhos da Igreja que, na hora de sua morte, não cansava de repetir estas palavras: "Depois de tudo, sou filha da Igreja; depois de tudo, sou filha da Igreja".

Desse grande dom da fé que a santa tinha, nascia, então, o grande amor que dedicava ao Santíssimo Sacramento, entre todos, o mais singularmente chamado de *Mistério da Fé*. Ela dizia que foi maior graça para nós o Santíssimo Sacramento do que Deus se ter feito homem. Por isso uma das principais virtudes da vida da santa (como revelou depois de sua morte) foi seu especial amor ao Santíssimo Sacramento. Quando ouvia uma irmã dizer que gostaria de ter vivido no tempo em que Jesus andava pelo mundo, a santa começava a rir: "Que mais precisamos procurar quando já o temos no Santíssimo Sacramento? Ora, se quando andava pelo mundo curava os doentes apenas com o deixar-se tocar as vestes, o que não fará agora quando vem morar dentro de nós? Como é doce – escreve ela – ver o pastor transformado em cordeiro; é pastor, porque apascenta, mas é cordeiro, porque é o próprio pasto; é pastor, porque alimenta, mas é cordeiro, porque é o próprio alimento. Então, quando pedimos 'o pão nosso de cada dia', estamos pedindo que o pastor seja nosso alimento e sustento".

Por isso, a santa chorava continuamente as injúrias que ouvia os hereges fazerem contra esse Sacramento de amor e exclamava a Deus: "Então, meu Criador, como pode sofrer assim um coração tão amoroso como o vosso, ao ver que o que vosso Filho fez com tão ardente amor e para mais agradar a vós, que lhe mandastes nos amar, seja assim tão pouco estimado, como hoje em dia fazem os heréticos com o Santíssimo Sacramento, tomando suas igrejas? Não bastou, meu Pai, ele não ter onde reclinar a cabeça durante sua vida, para agora lhe serem tirados também os lugares santos onde se digna permanecer para encontrar seus amigos que precisam desse alimento para o sustento?" Por vinte e três anos, ela comungou todos os dias e sempre com tal fervor e desejo, a ponto de afirmar que, se fosse preciso, ficaria contente em atravessar pelo meio das lanças de um exército inimigo, a fim de poder comungar.

Bem correspondeu o Divino Amado ao amor com que essa sua dileta esposa o desejava e se dispunha a recebê-lo sacramentado. Quando ele vinha a ela na comunhão, tal como fogem as trevas com o despontar do sol, assim fugiam da santa quaisquer escuridão e aflição. Parecia-lhe, então, sua alma perder todos os afetos e desejos para ficar apenas unida e absorta em Deus. Embora, em outros momentos, apresentasse aparência pálida devido às penitências e enfermidades, seu biógrafo diz que, ao comungar, o rosto parecia brilhante como o cristal, rosado e belíssimo e com tão grande majestade que deixava claro que hóspede trazia consigo. Então acontecia de seu corpo virginal parecer querer abandonar a terra e se elevar no ar, à vista de todas as irmãs.

Certa vez, quando estava para comungar, Jesus lhe falou a partir das mãos de um sacerdote indigno que estava em pecado, dizendo com ternura: "Contempla minha grande bondade em me colocar nas mãos de um meu inimigo por teu bem e o bem de todos". Em outra ocasião, um Domingo de Ramos, meditando como nenhum daqueles muitos que tinham aclamado Jesus como Messias em Jerusalém depois lhe houvesse dado abrigo em sua casa, a santa convidou Jesus a vir abrigar-se em seu pobre coração e foi comungar com esse devoto pensamento. O convite amoroso de sua amada agradou tanto ao celeste esposo que, quando ela recebeu a hóstia consagrada, pareceu-lhe sentir a boca cheia de sangue quente e doce como o paraíso. Então, ouviu Jesus: "Filha, quero que meu sangue te seja proveitoso: eu o derramei com muita dor e vejo que tu o aproveitas com grande amor".

Fruto

Que o fruto dessa consideração seja sempre agradecer, com a santa, ao Senhor ter dado também a nós o grande dom da fé, ter-nos feito filhos da Igreja, da qual estão fora milhões de almas, quem sabe, menos culpadas que nós diante da justiça de Deus. Entre os maiores dons que Jesus nos deixou no sacramento do altar, deixando-se todo inteiro como alimento, companheiro e pastor, pratiquemos aquele belo ensinamento que a santa madre revelou do céu a uma alma: "Nós, que estamos no céu, e vós que estais na terra, devemos ser uma só coisa na pureza e no amor; nós nos alegrando; e vós padecendo. E o que nós fazemos no céu diante da essência divina, na terra, deveis fazer vós diante do Santíssimo Sacramento; deves dizê-lo a todas as minhas filhas".

Além disso, sobre o amor e a terna veneração ao nosso Santo Sacramento deixou escrito: "Busquemos não nos afastar de nosso pastor, nem perdê-lo de vista, pois as ovelhinhas que estão mais próximas de seu pastor sempre recebem mais carinho e mais presentes. Ele sempre lhes dá um pedacinho especial do que está comendo. Se acontece de o pastor dormir, a ovelhinha não se afasta até que ele se levante ou ela o acorde, e então, recebe o carinho de novos presentes".

São Filipe Néri, outro serafim de amor, quando viu Jesus entrar como viático em seu quarto, ardendo de afeto, não conseguia dizer mais nada que: "Eis meu amor, eis meu amor". Assim também nós, quando vemos vir ao nosso encontro na comunhão o rei e esposo de nossas almas, digamos então: "Eis o amor, eis o amor". E saibamos que assim quer ser chamado nosso Deus: *Deus é amor* (1Jo 4,16). Não deseja ser chamado apenas de amoroso, mas muito mais, de amor. Para nos dar a entender que, tal como não pode existir um amor que não ame, da mesma forma ele é tal bondade, de tal natureza amorosa, que não pode viver sem amar suas criaturas.

Oração

Ó minha Seráfica Santa, com vossa pureza e ardente amor, fostes, já na terra, a delícia de vosso Deus, e a quem ele chegou a dizer que, assim como quando estava na terra sua amada tinha sido Madalena, da mesma forma, agora que estava no céu, sua amada éreis vós. E por isso com tanta ternura vos advertia como pai, ou vos falava como esposo, sobretudo, na santa comunhão, com tal quantidade de graças se dando a vós. Rogai a vosso Deus por mim, ó Teresa, pois, ai de mim, não sou objeto de suas delícias, mas causa de suas dores por minha má vida. Rogai a ele que me perdoe, dê-me um coração novo, semelhante ao vosso, puro e amoroso.

E vós, meu amoroso, meu Jesus, que, mesmo prevendo minhas ingratidões, não deixastes de me conceder tantas graças, especialmente ao me chamar a santa fé e, com tanto amor, dignastes, tantas vezes, dar-vos a mim no sacramento do altar, ó, dignai-vos, com vossa misericórdia, inflamar de tal modo meu coração que minhas ações correspondam a minha fé.

Ah, divino, verdadeiro e único amor de minha alma, quando chegará o dia em que começarei a vos amar com todo o meu coração? Quem dera fosse hoje para mim esse dia feliz quando comecei, neste ano, a honrar vossa cara esposa e minha amorosa advogada, Teresa! Ah, meu Redentor, pelos méritos de vosso sangue e de vossa Santíssima Mãe Maria, e ainda, de vossa amada Teresa, dai-me, peço-vos, um amor tão ardente a vossa bondade que me faça chorar continuamente as decepções que vos dei e buscar continuamente, de hoje em diante, não outra, senão vossa vontade, para agradar somente a vós, como o mereceis. Amém. Assim seja.

2ª Consideração
Sobre como Santa Teresa teve o dom da esperança

A medida das misericórdias divinas corresponde à confiança que a alma tem em Deus; por isso, quando o Senhor quer enriquecer uma alma com graças, primeiro a enriquece com a confiança. Tão grande foi o dom da confiança que a santa madre recebeu de Deus que, com essa confiança, conseguiu realizar tudo o que empreendeu para a glória de seu esposo; daí o motivo de ser chamada, comumente, de *Teresa, a onipotente*. Só de lembrar as palavras do apóstolo, quando falou que o Senhor é fiel e não pode faltar à sua palavra, ganhava ânimo tão grande que se tornava forte para enfrentar todas as tempestades: "Ó, quem poderá erguer a voz – exclamava – para dizer: Senhor, como sois fiel com vossos amigos! Que me falte tudo, desde que não me abandoneis, pois provei quanto ganha quem confia só em vós".

Confiada nessa âncora segura, empreendeu a grande obra da reforma da Ordem Carmelita, tanto do ramo feminino, quanto do masculino, e tantas outras fundações, contra mil resistências dos homens e dos demônios: sem apoio, sem dinheiro, apenas com a confiança em Deus. Costumava dizer que, para fundar um mosteiro, lhe bastava uma casa alugada e uma sineta.

Quanto mais resistências encontrava, mais crescia sua animação, dizendo que era sinal de que a semente produziria mais fruto e, de fato, assim acontecia. Por isso, deixou-nos escrito: "E assim espero porque o verdadeiro remédio para não cair é se agarrar à cruz e confiar naquele que nela foi pregado: apenas nele encontro um amigo verdadeiro. E isso me domina a tal ponto que, parece, poderia resistir ao mundo inteiro se viesse contra mim, desde que Deus não me faltasse". Daí nascia também a grande dificuldade que sentia quando precisava tratar com pessoas que confiavam apenas em razões e recursos humanos.

Estando a santa madre em Toledo, um padre lhe disse não haver mais esperança para a questão da Reforma; mas ela consolava a todos com ânimo imperturbável e, confiada em Deus, dizia que, apesar das resistências, tudo sairia ainda melhor. Quando, em uma viagem, encontrava-se em alguma passagem perigosa, era a primeira a atravessar e, então, animava os outros. Confiada em seu Senhor, não temia nem mesmo todo o inferno, dizendo que dos demônios tinha o mesmo medo que das moscas. Jamais foi vista aflita ou alegre por qualquer resultado favorável ou desfavorável, sempre tinha o ânimo sereno, sempre igual a si mesma, com suma paz, sempre firmada na amorosa esperança de que Deus não pode faltar a quem o serve e nele confia.

Era nessa confiança que Santa Teresa apoiava todas as orações que apresentava a Deus. E, como não sabia buscar outra coisa senão o que resultasse em maior gosto de seu Senhor, as orações dessa sua esposa eram tão agradáveis a Deus que chegou a lhe prometer conceder tudo o que pedisse. E isso se deu quando a santa pedia uma graça, temendo não a alcançar por ser indigna. Jesus apareceu-lhe e mostrando a chaga de sua mão esquerda: "Disse-me – são as palavras da santa – que não devia duvidar de quem tinha padecido tanto por mim para me conceder, com muito gosto, o que lhe pedisse; e ele me prometia que, tudo o que pedisse, tudo me seria concedido. E me lembrasse de que, quando ainda não o servia, já então nunca tinha deixado de me conceder algo que pedisse, melhor, inclusive, do que teria podido pedir. Sendo assim, quanto mais não me haveria de ouvir agora, quando sabia que eu o amava? E que eu não duvidasse disso".

Por causa dessa promessa, escreveu que sempre tinha recebido de Deus mais do que teria podido pedir. Para consolação de seus devotos, deixou anotadas estas palavras: "Nesse trabalho de tirar as almas do pecado com minhas orações e levar outras à maior perfeição, comprovei muitas vezes: são tantas as graças que, se fosse contar, ficaria muito cansada e cansaria muito a quem lê". Uma noite, quando a santa agradecia ao Senhor uma graça recebida, ele lhe respondeu com amor: "O que me pedes que eu não te faça, minha filha?" Outro dia, ele disse: "Sabes o matrimônio que existe entre mim e ti. Por isso te dou todas as minhas dores que suportei e, portanto, podes pedir a meu Pai, como se os méritos fossem teus".

Então, para nosso ensinamento, a santa deixou escrito, na exclamação XIII: "Ó, como confiamos pouco em vós, Senhor! Quantas das maiores riquezas e tesouros vós nos confiastes, pois nos destes trinta e três anos de grandes trabalhos e, depois de vosso Filho padecer a morte, mesmo sabendo quão ingratos lhe deveríamos ser, não quisestes deixar de confiar o inestimável tesouro do mesmo vosso Filho no Santíssimo Sacramento, para que não houvesse nada vosso que não pudéssemos fazer nosso, negociando convosco com vosso Filho, ó Pai piedoso. Ó, almas bem-aventuradas que bem soubestes aproveitar esse dom e com tal preço comprar para vós herança tão deleitável e permanente, dizei-nos, como negociastes com um bem tão infinito? Socorrei-nos, já que estais tão próximas da fonte: alcançai-nos a água para nós que estamos aqui, pois morremos de sede".

Fruto

Alma devota, reflete sobre este ponto: quanto Deus ouve a oração feita com confiança! Portanto pede e confia, e alcançarás o que quiseres. Podem passar o céu e a terra, mas não a Palavra de Deus, que disse: "Pedi, e dar-se-vos-á" (Mt 7,7). Quem pede alcança, mesmo que não mereça o que está pedindo, como diz Santo Tomás. Por outro lado, quem não pede não alcança. Eis, pois, onde está nossa vitória nas tentações: "Louvando-o, invocarei ao Senhor e serei salvo de meus inimigos" (Sl 17,4). Recorramos a Deus e venceremos. Eis de onde depende todo o nosso bem: "Pedi, e dar-se-vos-á". Peçamos e nos será dado. "Para alcançar as graças divinas, dizia nossa santa, a oração é a única porta; se estiver trancada, não sei como Deus nos dará as graças. Entendamos que nosso Pai e Deus não só tem cuidado por nós, mais ainda é solícito pelo nosso bem, como ele mesmo nos faz saber por meio das Divinas Escrituras". Portanto peçamos a Deus, com confiança e em nome de Jesus Cristo, seu Filho, que nos prometeu: "Se vós pedirdes a meu Pai alguma coisa em meu nome, ele vos dará" (Jo 16,23). Mesmo sem ser invocado, Deus tem todo o cuidado por nós: "O Senhor está cuidadoso de mim" (Sl 39,18). E nos diz, pelo profeta, que é mais fácil uma mãe se esquecer de um filho, que ele conseguir se esquecer de uma alma. É só lhe apresentarmos nossas misérias e dizermos: "Se tu queres, Senhor, bem me podes limpar" (Mt 8,2). Ou, como as irmãs de Lázaro: "Senhor, eis, aí está enfermo aquele que tu amas" (Jo 11,3). Mas essa oração precisa ser feita continuamente: "Importa orar sempre e não cessar de o fazer" (Lc 18,1). De outra forma, no dia em que deixarmos de orar, neste dia, cairemos.

Oração

Então, minha santa advogada, já que me fazeis saber que vosso esposo prometeu conceder tudo o que vós pedirdes e que incontáveis almas foram ajudadas por vossas orações, fazei que eu seja uma dessas almas; recomendai-me a Jesus e transformai-me em outra pessoa, como haveis transformado tantos com vossa intercessão.

E vós, eterno Pai, que, para me perdoar e salvar, não perdoastes a morte a vosso amado Filho, por amor desse Filho, peço-vos perdoai-me e salvai-me. Meu criador e Pai, não sois apenas tão piedoso, mas ainda sois também fiel: portanto me haveis de conceder o que pedir por amor de Jesus, que prometeu que nos daria tudo quanto lhe pedíssemos em seu nome. Vós também sois justo. Por isso é necessário que, quando estivermos arrependidos das ofensas que fizemos a vossa bondade, vós nos perdoeis e salveis pelos méritos de Jesus Cristo, pois ele, com sua morte, já satisfez vossa justiça e alcançou-nos a salvação. De forma que, meu Deus e minha esperança, recorro a vós cheio de confiança e vos peço pelo amor de vosso Jesus. Fazei que não espere outra coisa que não vós, outra coisa não suspire que vosso santo amor. Ó meu amadíssimo amado, fazei-me sair totalmente de mim para repousar somente em vós. Senhor, em vossas mãos coloco minhas esperanças e toda a minha alma, para que viva seguro em vós toda esta vida e, abandonado em vós, saia depois deste mundo e espire no momento de minha morte.

E vós, dulcíssima mãe e esperança minha, Maria, impetrai-me a graça de orar sempre e confiar nos méritos de Jesus e vossos. Amém.

3ª Consideração
Do grande amor que Santa Teresa teve a Deus

O coração dessa seráfica santa era tão inflamado de amor a Deus que todos os seus pensamentos e todos os seus suspiros não eram outra coisa que de amor e para dar gosto a Deus. Por isso seu confessor dizia que, quando falava com a santa, parecia ver, na verdade, um serafim de amor. Bem já havia começado a arder esse santo fogo em sua santa alma desde menininha quando, não mais que com sete anos, teve força para fazê-la abandonar, como já dissemos, a pátria e os pais para ir entre os bárbaros e dar a vida por Jesus Cristo: "Em sua mais tenra idade, são as palavras da Bula de canonização, de tal modo o Espírito Santo incendiou seu coração, que decidiu partir para a África, derramar seu sangue e dar sua vida em testemunho de Jesus Cristo".

Com a idade, cresceu também o amor, embora, por alguns anos, tenha estado um pouco esfriado. Quando, com nova luz, Deus a chamou ao amor mais perfeito, respondeu tão bem que mereceu ouvir da boca de seu esposo que, se já não tivesse criado o paraíso, o teria criado apenas para ela. E, uma outra vez, chegou a lhe dizer que era todo seu, já que se tinha dado toda a ele: "Já sou todo teu, e tu és toda minha". Palavras da Bula de sua canonização.

De fato, tinha se tornado, de tal forma, toda de Deus que, inebriada pelo divino amor, não sabia falar de outra coisa que de seu amado, não sabia pensar outra coisa que sobre o amado, não podia mais conversar com os outros, a não ser com seu amado. Então, acostumada à doce conversação de seu Deus, não podia mais se acomodar a tratar com as criaturas, a não ser com aquelas que tinham sido feridas, como ela dizia, com o mesmo amor.

O amor lhe impelia tão fortemente para Deus que se declarava inábil para continuar tratando de assuntos desta terra. Por isso, disse uma vez: "Se o Senhor me mantiver nesse estado, darei má conta dos negócios que me impôs; porque, de fato, parece que, continuamente, estou sendo arrastada com cordas para Deus". E qualquer coisa que lhe tirava de sua contínua união com Deus a fazia sofrer, mesmo a comida: "É grandíssimo sofrimento para mim ter que comer muitas vezes porque me faz chorar e dizer palavras de afeto, quase sem me dar conta".

Mas ouçamos os belos sentimentos que deixou anotados sobre esse seu amor a Deus e nos acendamos nessas chamas felizes do coração da seráfica santa. Em uma passagem, diz ela assim: "O que eu sempre costumo dizer, e acho que digo de coração: não me preocupo mais nada comigo, somente quero a vós, Senhor". Em outra passagem, embora a santa fosse tão humilde, não deixou de dizer que Deus a amava muito e, com tanto ardor, escreveu: "Eu sou toda imperfeição, exceto nos desejos e no amor: ao Senhor bem me agrada amá-lo, mas minhas obras me entristecem". Em outra passagem, pelo desejo que tinha de chegar ao máximo possível do amor a seu Deus, confessou: "Se me fosse dado escolher: ou padecer todos os trabalhos do mundo até o fim e depois subir a um pouquinho mais de glória, ou, sem trabalho, ir para glória um pouco mais baixa, de muito boa vontade escolheria muito mais todos os trabalhos por um pouquinho mais de alegria em conhecer as grandezas de Deus, porque vejo que quem mais o conhece mais o ama". E em se ver assim amando Deus, e de Deus assim amada, exclamava com júbilo: "Ó que bela troca dar a Deus o nosso amor e receber o seu!"

Por tudo isso, compreendemos como lhe era caro o amoroso pedido de padecer ou morrer por desejo de agradar a Deus, como ela mesma refere no cap. 40 de sua *Vida*, parecendo-lhe que o desejo de padecer por Deus era tão doce a seu coração amoroso que nada lhe acrescentava de merecimento. Da mesma forma, dizia que não por outro motivo se deveria amar a vida na terra, a não ser para padecer por Deus. Eis suas palavras: "De modo que não faço nada demais em desejar os trabalhos. E assim agora não me parece que haja sentido viver, senão para isso; o que, com maior afeto, peço a Deus. Digo-lhe, então, de todo o coração: Senhor, ou padecer ou morrer; não vos peço nada mais para mim".

Por isso mereceu ser desposada por Jesus com um cravo e declarada sua esposa de amor e de cruz: "Olha – disse-lhe o Senhor, estendo sua mão direita, como se lê no Apêndice à sua *Vida* –, olha este cravo, sinal de que, agora em diante, tu serás minha esposa; até agora não o tinhas merecido: no futuro, não só como de teu Criador, de teu Rei, e de teu Deus merecerás minha honra; mas também, por seres minha verdadeira esposa, minha honra é agora tua, e a tua, é a minha". Chegou um dia a dizer, em ímpeto de amor, que muito bem ficaria contente de ver no paraíso alguém que tivesse mais glória que ela, mas que não sabia como conseguiria se alegrar se visse uma alma que amasse mais a Deus que ela.

Em suma, estava continuamente ocupada em coisas para a glória de Deus, mas tudo o que fazia, seu grande amor, tudo o que fazia, parecia-lhe nada: "Senhor, dizia, tenho medo de ficar sem vos servir, não encontro nada que me satisfaça para pagar a menor coisa que vos devo". Eis a única coisa que a contentava nesta vida e era sua contínua oração a Deus: "Ó, Senhor, que sejamos todos dignos de vos amar: já que se há de viver, viva-se por vós: acabem-se então os nossos interesses. Que maior coisa se pode ganhar que dar gosto a vós? Ó meu contento e meu Deus, o que eu não faria para vos agradar!"

Por fim, todo o seu viver foi um contínuo amar, um contínuo procurar apenas agradar seu amado. Chegando, finalmente, como consideraremos em sua morte, ao ponto de terminar a vida por força do amor, consumida por aquele incêndio amoroso que a inflamava.

Fruto

Ensinam o fruto dessa consideração aquelas palavras que, um dia, disse o Senhor a Santa Teresa para lhe dar a entender que o verdadeiro amor nesta vida não consiste em se deliciar com as doçuras divinas, mas em fazer a vontade divina e sofrer em paz os trabalhos: "Pensas, minha filha, que há mérito nas consolações? Não, o mérito está em trabalhar, padecer e amar. Olha minha vida, toda cheia de padecimentos. Não penses, vendo minha mãe me carregando nos braços, que ela desfrutasse daqueles contentamentos sem grave tormento, desde o dia em que Simeão lhe disse: 'Uma espada de dor te transpassará a alma', e meu Pai lhe deu clara luz para ver quanto eu deveria padecer.

Acredita, filha (acrescentou), que quem é mais amado por meu Pai maiores trabalhos recebe dele, correspondentes ao amor. Em que mais te posso mostrá-lo do que em querer para ti o que quero para mim? Vê estas chagas: jamais chegarão a tanto tuas dores. Assim me ajudarás a chorar a perdição dos mundanos, cujos desejos são empregados em conseguir o contrário. Pensar (conclui) que meu Pai admita à sua amizade gente que não trabalha é um despropósito. Mesmo aqueles que ele ama, grandemente os leva pelo caminho dos trabalhos: e quanto mais os ama, tanto maiores trabalhos lhes dá".

Portanto, se quisermos amar com verdadeiro amor nosso tão amável Deus e comprazer seu coração, e não o nosso, precisamos colocar em prática a bela instrução que nossa santa seguia e ensinava: *Caminhar sempre para frente com o desejo de padecer em todas as ocasiões por amor de Jesus*. Ao menos, é necessário nos conformar completamente com a vontade de Deus nas coisas contrárias. Foi o que, do céu, veio um dia Santa Teresa dizer a uma alma devota, com estas palavras: "Aqueles ímpetos de desejo de morrer, que eu tive enquanto vivia, procura ter também tu em fazer a vontade de Deus". Esse também é o objetivo da devota prática que a santa ensinava de oferecer-se todo a Deus, cinquenta vezes por dia, com fervor e com desejo de dar gosto a Deus. Assim daremos grande gosto a Deus e não sentiremos as cruzes porque, dizia a santa, "sente a cruz quem a arrasta, não quem a abraça". Da mesma forma como o ganancioso não se cansa, mas fica feliz em carregar o peso do ouro, e quanto maior for o peso, maior será sua felicidade, assim também a alma que ama, mais se rejubila quanto mais padece por Deus; pois sabe que, oferecendo-lhe aquele padecimento, agrada sumamente seu amado.

Oração

Minha Seráfica Santa, amada esposa do crucificado, já que, na terra, ardestes tanto de amor para com vosso e meu Deus, e agora ardeis no céu com fogo mais puro e maior, vós, que tanto desejastes sempre vê-lo amado por todos os homens, impetrai para mim, eu vos peço, ainda que seja uma centelha dessa santa chama que me faça esquecer do mundo, das criaturas e de mim mesmo; e faça que todos os meus pensamentos, todos os desejos e todos os afetos sejam todos sempre empregados em executar, com consolações ou sofrimentos, a vontade daquele sumo bem que merece ser infinitamente obedecido e amado. Fazei-o, santa minha, pois o podeis fazer: fazei-me arder como vós, todo do divino amor.

E vós, meu Deus, eu vos peço com as mesmas palavras de minha santa: "Ó amor, que me amais mais do que eu possa entender, fazei que minha alma vos sirva, mais conforme a vosso gosto que ao dela. Que, então, morra esse eu e viva em mim alguém diferente de mim.

Viva ele e me dê a vida: reine ele, e eu seja escravo, não querendo minha alma outra liberdade. Felizes aqueles que, com as cadeias de benefícios da misericórdia de Deus, se acham presos e feitos incapazes de se libertar. O amor é forte como a morte e duro como o inferno. Ó, quem já se visse lançado nesse divino inferno, de onde não se pode mais esperar, para dizer melhor, mais não se pode ter medo de ficar excluído".

E vós, Santíssima Virgem Maria, que fostes e sois, de todas as criaturas, a mais amorosa, a mais amada de Deus: vós, por quem se nos dispensa o divino amor, socorrei-me, ajudai-me, para que não viva mais ingrato a um Deus tão amoroso e que tanto me amou. Amém.

4ª Consideração
Do dom da perfeição que teve Santa Teresa

Duas coisas são necessárias para alcançar a perfeição: um grande *desejo* e uma grande *resolução*.

Primeiramente, um grande desejo de santidade é o grande meio para se fazer santo, na medida em que, por um lado, Deus não concede a abundância de suas graças a não ser para aquelas almas que têm grande fome delas, como cantou Maria Santíssima em seu sapientíssimo cântico: "Encheu de bens os que tinham fome" (Lc 1,53), e, por outro lado, nos é necessário esse desejo, para que possamos aguentar a fadiga necessária para adquirir o grande tesouro da perfeição. Porque, no que pouco se deseja, pouco se investe para conseguir; ao contrário, para chegar a adquirir aquilo que muito se deseja, torna-se fácil e doce qualquer fadiga. Por isso Deus chama bem-aventurados os que, não apenas têm o desejo, mas têm muita fome, ou seja, grande desejo de santidade: "Bem-aventurados os que têm fome e sede de justiça: porque eles serão fartos" (Mt 5,6).

Nossa grande águia, Teresa, a quem os grandes desejos de perfeito contentamento de Deus bem serviram como asas para grandes voos rumo à perfeição, deixou-nos escrito: "que nossos pensamentos sejam grandes, pois disso virá nosso bem". E em outra passagem: "Não precisamos de desejos pequenos, o que precisamos é confiar em Deus, pois, se nos esforçarmos, pouco a pouco, conseguiremos chegar aonde, com sua graça, chegaram muitos santos". Dizia que sua majestade divina é amiga das almas generosas, porque avançam sem confiar em si mesmas: e atestava, por experiência, não ter visto nenhuma alma tímida caminhar, em muitos anos, tanto quanto essas outras, generosas, faziam em poucos dias. Dizia: "Porque o Senhor se compraz tanto nos desejos como se já tivessem sido realizados".

Ó, quão grandes foram, então, os desejos que ela teve de agradar seu Senhor! Não duvidava assegurar sobre si mesma que, ainda que fosse toda imperfeição, mesmo apesar disso, foi grande e perfeita nos desejos. Escreveu em outra passagem: "Vêm a mim tais desejos de servir a Deus em certos ímpetos que não os sei exprimir: parece-me que nenhum trabalho, nem morte, nem martírio, deixaria eu de suportar com facilidade". De fato, não houve coisa, por difícil que fosse e que ela houvesse entendido ser do gosto de Deus, que não tenha assumido e conduzido até a realização. É o que ela mesma atestou nas memórias que escreveu sobre sua *Vida*: "Não há coisa, por pesada que seja, que, sendo-me colocada na frente, eu não a tenha assumido com coragem".

Assim sendo, a santa escreveu, por experiência própria, mais tarde: "Fico assustada do muito que ajuda no caminho espiritual se animar com coisas grandes: porque, ainda que, no começo, a alma não tenha forças, apesar disso, levanta um generoso voo e aterrissa muito na frente". E aqui deu aquele grande ensinamento de que não é humildade não pretender tornar-se santo: "Antes de tudo a humildade, mas é preciso entender que o demônio tenta fazer parecer soberba ter grandes desejos e querer imitar os santos".

Por outro lado, para chegar à perfeição, não basta ter apenas o *desejo*, é necessário ter também uma firme *resolução*; de outra forma, o desejo, sem a resolução, tornar-se-á inútil; como acontece com tantas almas que sempre desejam, sempre padecem de desejos e nunca se resolvem colocar mãos à obra e, assim, ficam na tibieza, sem jamais avançar. Escreveu a santa sobre esse ponto: "Eu prefiro, prefiro oração de pouco tempo que gere grandes efeitos àquela de muitos anos em que alma nunca consegue se resolver a fazer qualquer coisa de valor por Deus". São Bernardo diz que muitos não se tornam santos porque não se decidem a isso. E era o que lamentava também a santa: "Muitos ainda ficam parados ao pé do monte que poderiam escalar até o cume". Do lado contrário, assegura que, quando uma alma empreende alguma obra resolutamente, só para dar gosto a Deus, facilmente chega ao todo. Escreveu nas suas Fundações: "Mesmo que haja, a propósito disso, Senhor, o que diz vosso profeta, ou seja, que vossa lei dá trabalho, não sei como se pode chamar de estreito o caminho que leva a vós. Tenho experienciado em muitas ocasiões que, quando alguém, desde o início, se resolve a fazer alguma coisa, por difícil que seja, se for feita para dar gosto a Deus, não tem o que temer. E o demônio (dizia) tem grande medo de almas resolutas, até porque, mesmo quando trama para lhes causar dano, isso resulta em proveito delas".

E a santa madre foi, em sua vida, o que ensinava que os outros deveriam ser. Quando foi chamada a se entregar totalmente a Deus, deu-se a ele sem reservas e com tanta resolução que, para se comprometer a buscar o maior gosto de seu amado, chegou a se obrigar com aquele grande voto, que assusta até mesmo os santos, chamado voto da Sagrada Rota, o voto mais árduo de todos, ou seja, de sempre fazer o que souber ser de maior perfeição. Nisso nos mostra o grande e resoluto ânimo com que pretendia chegar à mais alta perfeição capaz de chegar uma alma nesta terra para agradar a Deus com todas as suas forças.

Fruto

Seja, então, o fruto dessa meditação, com Santa Teresa, a desejar com verdadeiro desejo e decidir, com todo o coração, dar-se todo a Deus; buscando avançar sempre mais na perfeição. Bem dizia um grande servo de Deus, o Pe. Hipólito Durazzo, da Companhia de Jesus, como se lê em sua biografia, que os mundanos não ficam jamais saciados com os bens terrenos desta vida e sempre mais os buscam, e então dizem: basta-nos qualquer cantinho no paraíso. Quem, pelo contrário, ama verdadeiramente a Deus e não o mundo deve se contentar com qualquer cantinho nesta terra, mas para os bens do céu, deve procurar sempre o mais, sem nunca se saciar. Semelhantemente, dizia o mesmo bom padre, que "para nos tornarmos santos é necessário viver sem desejar outra coisa a não ser a única que se consegue com o desejo, ou seja, dar gosto a Deus".

É necessário, depois dos desejos, fincar o pé na resolução de se dar sem reserva totalmente a Deus. É Deus quem nos dá tal desejo. Esse desejo é uma voz muito clara com que nos chama a seu amor. Já nos chamou várias vezes, o que estamos esperando? Estamos esperando que não nos chame mais e nos abandone? É necessário decidir uma vez por todas, voltando as costas a tudo o que não é Deus. Não é mais tempo de resistir ao amor daquele Senhor, que é o único que merece ser amado por nós. É necessário, especialmente, romper toda a ligação com a terra que nos impede de sermos todos de Deus. Resolução, resolução. Deus, só Deus e nada mais.

Oração

Minha santa, eu me alegro convosco agora que vos vejo no céu, onde amais vosso Deus com aquele amor que sacia completamente e contenta vosso coração que tanto desejou amá-lo nesta terra. Mas, já que em vós, tendo crescido no céu o amor, cresceu também o desejo de vê-lo amado, ajudai, ó santa madre, essa mísera alma minha que deseja, juntamente convosco, arder de santo amor por aquela bondade infinita, que merece o amor de infinitos corações. Rogai a Jesus por mim, como rogastes uma vez, na terra, por um vosso servo: "Senhor, vamos tomá-lo como amigo". Dizei-lhe que me faça resolver, de uma vez por todas, a dar-lhe toda a minha vontade, em todas as coisas não buscando nada mais que seu maior gosto e sua maior glória.

E vós, meu Senhor, dizei-me o que pretendeis de mim com tantas graças que me tendes feito? Ah, eu vos entendo, entendo-vos, meu tesouro, meu tudo e meu verdadeiro amor; porque vós me amais tanto que quereis que eu vos ame ainda mais e seja todo vosso. Quereis que meu coração não seja mais dividido, mas seja todo dedicado a amar somente a vós, somente a vós. Então, se na verdade vós sois o único amável, é justo que por mim e por todos sejais o único amado: amado meu, então, já que me inspirais esse desejo de vos amar, fazei que eu o ponha em prática e vos ame quanto vós desejais. Se quereis meu coração, eis que o tiro do amor das criaturas e o dou todo a vós. Se quereis que deseje e busque vosso amor, sim, meu Deus, escutai-me vós, porque vos peço e desejo amar-vos mais que os serafins; e já não para me tornar grande entre os santos, nem para adquirir uma grande glória no paraíso, mas apenas para vos dar gosto. Antes, para que eu vos ame muito, protesto oferecer-me para sofrer todas as penas e por toda a eternidade, se assim vos agradar. Ouvi-me, meu Senhor, pelo amor de Jesus Cristo e por amor de Santa Teresa. Virgem Santíssima, Maria, vós sois minha esperança, por vós espero todos os bens.

5ª Consideração
Sobre a humildade de Santa Teresa

Os corações humildes são o alvo das setas do amor divino; ainda mais, como dizia Santa Maria Madalena de Pazzi, humilhar-se é o único exercício para conseguir o dom do divino amor. Por isso Deus se compraz em unir, no coração de Teresa, tantos tesouros de graças, ou seja, porque o encontrou muito humilde. E narra a santa sobre si mesma que as maiores graças, com as quais foi enriquecida pelo Senhor, recebeu, precisamente, no momento em que estava se humilhando diante de Deus.

Com efeito, nossa santa foi tão humilde que, embora o Senhor a tratasse como sua esposa amada, como consideramos acima, ainda assim, ela não tratava com seu Senhor senão como se tivesse sido esposa ingrata e infiel. E, por isso, apesar de quantos favores Jesus lhe fizesse, e quantos louvores lhe dessem os homens, não podia jamais se convencer de que era boa. E, ainda que tenha sido pelo próprio Deus assegurada que aqueles não eram enganos, de modo que, quando os recebia, não poderia duvidar de que fossem de Deus, não menos então o conceito que tinha de si mesma era tão baixo que sempre a fazia temerosa de ser enganada, não podendo crer que Deus favorecesse tanto uma alma tão indigna, como se considerava. Indo a santa, um dia, até a fundação de Burgos, um religioso lhe contou a fama que corria sobre sua santidade; ao que ela respondeu: "Três coisas são ditas sobre minha vida: que, quando pequena, já era de boa índole e discreta, agora, alguns também dizem que sou santa: nas duas primeiras coisas um dia cheguei a acreditar, e me confessei por ter dado crédito a essa vaidade; mas jamais me enganei com a terceira desde que fiquei sabendo dela".

Depois, na relação de sua *Vida*, que fez ao confessor, falando das graças que Deus lhe concedia, assim disse: "Primeiramente me parecia uma afronta saberem isso de mim; mas agora não pareço, por esse motivo, ser melhor, mas, mesmo, pior: porque, se com tantas graças pouco me ajudo, parece-me que, de todas as formas, não tenha havido no mundo ninguém pior que eu". Em outra passagem disse: "Não faço outra coisa que receber graças sem aproveitá-las, como se eu fosse a coisa mais inútil do mundo: todos dão frutos, mas eu não sou boa para nada". Uma pessoa, vendo-a assim tão favorecida por Deus e tão aclamada pelo mundo como santa, disse-lhe: "Minha madre, cuidado com a vanglória!" Mas ela, maravilhada, respondeu: "Vanglória? Não sei do quê; vendo como sou, já faço muito em não me desesperar".

A grande luz com que Deus lhe mostrava a grandeza de sua majestade e, ao mesmo tempo, o amor que lhe tinha fazia considerar delitos graves os pequenos defeitos que cometia e que nós nem conseguiríamos condenar como defeitos. E, assim, confundida exclamava: "Senhor, colocai fim, colocai fim, Senhor, a tantos favores: como tão rápido vos esquecestes de minhas ingratidões?" Escrevendo a seu confessor a relação de sua *Vida*, pediu que publicasse por toda parte seus pecados: "para eu não enganar mais o mundo, que acha haver algum bem em mim". Quando revelava a alguém sua vida má, mas este não queria considerá-la como ela mesma se considerava, recorria a seu esposo e lamentava: "Senhor, por que essa gente não quer acreditar em mim? Pensai vós, eu não sei mais o que fazer". Só de pensar na possibilidade dos outros chegarem a saber das graças que Deus lhe concedia a deixava tão aflita que (como escreve em sua *Vida*) a fazia querer ser enterrada viva para não mais ser vista no mundo. Por isso, narrou que, para acalmar esse seu sofrimento, certa vez o Senhor lhe disse: "Teresa, de que tens medo? Se os homens souberem as graças que te concedi não poderão fazer nada mais que me louvar e murmurar contra ti". E assim se acalmou.

Porém nossa santa não era daquele tipo de humildes que, embora tenham baixa opinião sobre si mesmos e, inclusive, às vezes, confessem-no diante de outros, mesmo assim não conseguem aguentar divulgarem seus defeitos e sofrer desprezos. Não. Como fazem os verdadeiros humildes, a santa se considerava vil e, como vil, queria ser conhecida e tratada por todos. Chegou a dizer que para ela não havia música mais doce que ouvir lançarem-lhe ao rosto seus defeitos. Diversas vezes ocorreu de ser humilhada e maltratada, então, sua alma tão humilde se alegrava mais por esses desprezos do que se fosse honrada e elogiada. Quantas vezes, quando fundava mosteiros com tanta glória para Deus, foi injuriada como hipócrita, mentirosa, soberba e iludida, inclusive, do alto dos púlpitos e em sua presença, como aconteceu certa vez. O núncio papal, arrebatado pela cólera, chegou a ordenar que se retirasse para um convento e não mais saísse de lá, afirmando que era mulher inquieta e desocupada. Ela, em paz, encerrou-se como ele mandou, sem se defender, toda contente por seu desprezo e sua confusão.

Em outra ocasião, foi acusada de feiticeira e bruxa à Inquisição. Ao saber que um determinado padre havia falado muito mal de si, respondeu: "Se este padre me conhecesse, poderia ter dito outros males ainda piores sobre mim". Ao entrar em Sevilha, inicialmente foi objeto de desprezo e murmurações, então disse: "Bendito seja Deus, pois aqui me conhecem como sou". Escreveu em outra passagem: "Não ficava brava com as pessoas que falavam mal de mim, pelo contrário, parecia que passava a ter novo amor por elas".

Na fundação de Burgos, quando a santa atravessava uma passagem estreita onde se encontrava uma mulher, pediu-lhe licença para passar; mas a mulher, ao vê-la vestida com hábito tão pobre, disse: pode passar, santarrona, e, dando-lhe um grande empurrão, a fez cair dentro da água. As companheiras quiseram repreender a mulher, mas a santa proibiu dizendo: "*Chega, minhas filhas, não veem que essa senhora fez muito bem?*" Uma outra vez, estava na igreja e não se deu conta de levantar rapidamente para que alguns pudessem passar, então a expulsaram com chutes, mandando-a para outro canto. Outra mulher havia perdido sua sandália e, pensando que a santa a tivesse roubado, com a sandália que restou teve a audácia de bater-lhe no rosto, mas ela tudo aceitou em paz, mais contente por aqueles desprezos do que ficaria um mundano com as principais honras do mundo. A Rota Romana atesta que aqueles que mais a ofendiam mais lhe despertavam amor: "Os que a ofendiam mais lhe despertavam o amor". Tanto que costumavam dizer que quem queria ser amado por Teresa só precisava injuriá-la e humilhá-la.

Fruto

Todos querem ser humildes, mas poucos querem ser humilhados. Santo Inácio de Loyola, enviado por Maria Santíssima, ensinou do céu a Santa Maria Madalena de Pazzi: "Humildade é se alegrar com tudo aquilo que nos leva a desprezar a nós mesmos". E isso é ser humilde de coração, como nos ensinou Jesus Cristo, ou seja, termo-nos por aquilo que somos e desejar que os outros também nos tenham e tratem por aquilo que somos. Eis, então, para a prática da humildade, as recomendações mais notáveis escolhidas da mesma santa: 1. Evitar toda conversa e todo discurso sobre a estima pessoal, a menos que seja obrigado a isso por alguma notável utilidade; com isso, a santa ensina a não se intrometer a dar pareceres, senão quando a caridade pedir. 2. Não demonstrar a devoção interior, a não ser por grande necessidade; e jamais demonstrar externamente uma devoção que não haja no interior. 3. Alegrar-se em ser objeto de queixas, injúrias e risos, deixando de se defender, a menos que tenha que fazê-lo por um bem maior: "e, quando repreendidos, diz a santa, recebamos a repreensão com humildade interior e exterior, rezando a Deus por quem nos repreende". 4. Pedir, sem cessar, a Deus o que costumava pedir São João da Cruz, ou seja, sermos desprezados por seu amor. E, por último, não esperar que nisso encontrem prazer os sentidos e a parte inferior da alma, mas agir com a razão, contentando-nos em agradar a Deus. Para tanto, é sumamente importante que nos exercitemos na oração, preparando-nos para todos os desprezos, orando muito a Jesus e Maria para que nos deem forças para cumprir os bons propósitos quando, depois, chegar a ocasião.

Oração

Ó minha advogada, que com vossa bela humildade feristes o coração de vosso Deus; pelo amor que tivestes a vossa querida mãe Maria e a vosso amado esposo Jesus, peço-vos que obtenhais para mim a santa humildade para que, tornando-me semelhante a vós e a meu Jesus, tão humilhado na terra, possa depois, um dia, convosco chegar a vê-lo e amá-lo no paraíso.

E vós, humílimo meu Jesus, que, para me ensinar a suportar os desprezos e para me torná-los doces e amáveis, quisestes ser o mais desprezado e humilhado de todos até saciar-vos com os opróbrios e vos tornardes o opróbrio dos homens: ah, socorrei com a plenitude de vossas misericórdias a desordem da vaidade de meu coração. Já vejo, meu Salvador, que, por minha soberba, até agora em nada fui semelhante a vós. Vejo que não posso ser admitido a vosso reino por ter sido muito diferente de vós que vos contentastes em morrer pregado em um lenho infame, justiciado como malfeitor, por meu amor. Ah, meu Senhor, vós, inocente, sofrestes tantas desonras por mim e eu não consegui sofrer por vós um desprezo muito menor? Sei que, tantas vezes, mereci os desprezos eternos do inferno. Reconheço ser essa uma grande pena pelos meus pecados que, depois de me haver tornado ingrato, ainda me fizeram soberbo. Meu amado Redentor, de agora em diante não quero mais ser assim. Desejo e peço ser humilhado convosco. E já que tive a audácia de, tantas vezes, desprezar vossa majestade e bondade infinitas, quero agora abraçar todos os desprezos para vos agradar. Mas, para que servem, meu Senhor, esses meus propósitos se vós não me ajudais a cumpri-los? Já que me quereis salvo, ajudai-me, meu Jesus desprezado, pelo mérito dos opróbrios que sofrestes, a suportar com paz todos os desprezos que receberei em minha vida.

E vós, que depois de Jesus fostes a mais humilde de todas as criaturas, Santíssima Mãe Maria, por isso fostes tão engrandecida, impetrai-me, minha Senhora, uma verdadeira humildade, não já para me tornar grande na glória, mas grande no agradar a Deus e ser feito mais semelhante a vós e a meu desprezado Jesus. Amém.

6ª Consideração
Sobre a devoção que Santa Teresa teve à Santíssima Virgem e ao glorioso São José

Santa Maria Madalena de Pazzi contemplou o amor divino como suave licor, em vaso precioso, distribuído pelas mãos de Maria. Tal como ocorre com todas as graças divinas, só pelas mãos dessa dispensadora é dispensado aos fiéis o dom dos dons, o dom do amor divino.

Nossa santa bem sabia que havia recebido todas as graças pelas mãos de sua dulcíssima Mãe, especialmente o dom do amor, com que foi enriquecida sua bela alma. Por isso, para agradecer a sua Mãe Santíssima, não sabia mais o que fazer para amá-la e honrá-la. Desde pequena, quando ainda estava em casa, vivia buscando lugares solitários para honrar Maria com o rosário e outras devoções. Depois que sua mãe faleceu, não tardou em ir se apresentar diante de sua rainha e, com afeto e confiança certa de ser aceita, oferecer-se como filha, declarando que, daquela hora em diante, Maria seria, então, sua única amada mãe. De fato, em todas as suas angústias e necessidades, a santa sempre recorria a Maria como sua amorosíssima mãe. Para vê-la honrada especialmente em toda parte, a santa empreendeu a obra da reforma da Ordem Carmelita, que se orgulha de militar sob o distintivo e a especial proteção da rainha do céu.

Maria, por sua parte, que não sabe deixar de amar quem a ama, antes, como diz Santo Inácio, mártir, é sempre a mais amorosa com os que a amam, não se deixando jamais vencer no amor pelos filhos que a amam, bem soube, essa grande rainha, reconhecer e ultrapassar o afeto de sua amada filha com as tantas graças que lhe alcançou. E bem demonstrou o quanto lhe agradava vê-la tornar-se, por sua mediação, a esposa mais querida de seu Jesus, precisamente, no dia em que se dignou, tão ternamente, vir do céu e, com suas próprias mãos, ornar nossa santa com místico e precioso colar. Mais se viu, depois, quanto a amava essa amorosíssima mãe, no momento de sua morte, quando se fez ver junto de sua amada filha para confortá-la na passagem e receber sua bendita alma em seus braços.

Nossa santa também foi muito devota do glorioso esposo de Maria, São José. Mais que isso, bem se pode dizer que teve a glória de acender no mundo a devoção ao grande santo. Desde menina sentia grande ternura por São José. Não começava nenhum trabalho sem recomendá-lo a São José, seu pai e senhor, por ela, assim chamado, devido ao afeto e à reverência que lhe tinha. Sob seu patrocínio e ao seu nome, consagrou muitos mosteiros que fundou. E quando, tendo sido ela honrada pela Igreja com o título de santa, alguns de seus mosteiros mudaram o nome de São José para o de Santa Teresa, ela apareceu em Ávila à irmã Isabel de São Domingos ordenando que, imediatamente, retomassem o título de São José, demonstrando, ainda no céu, seu desejo de ver preferida na terra a glória de seu amado santo.

Já se sabe quanto nossa santa, por sua humildade, era avessa a manifestar graças celestes. Mas, pelo desejo de ver São José glorificado por todos, não duvidou em publicar os favores extraordinários que alcançou por intermédio dele. Na relação de sua *Vida*, atestou que não se lembrava de lhe haver pedido alguma graça e o santo ter deixado de concedê-la. Escreveu ela: "é coisa maravilhosa contar as muitas graças que Deus me concedeu por meio desse bendito santo e os perigos de que me livrou, tanto no corpo, quanto na alma". E acrescenta: "Parece que aos outros santos o Senhor concedeu socorrer em apenas uma necessidade. A experiência prova que esse santo socorre em todas, querendo o Senhor nos dar a entender que, assim como quis estar sujeito a ele na terra, da mesma forma, faz no céu tudo quanto o santo lhe pede". E conclui: "Pela grande experiência que tenho dos grandes favores que ele alcança de Deus, gostaria de convencer a todos que fossem devotos desse glorioso santo. Não conheço nenhuma pessoa que lhe seja devota e não se mostre sempre avançada na virtude. Pelo amor de Deus, apenas gostaria de que quem não acredita faça a prova".

Fruto

São Francisco de Sales dizia: "Depois dos méritos infinitos de Jesus Cristo, a proteção de Maria é tão poderosa e favorável à alma que, de minha parte, a considero o mais seguro apoio que podemos ter junto a Deus". O Pe. Suárez assegura ser sentimento da

Igreja que a proteção de Maria é útil e necessária, na medida em que Deus dispôs conceder todas as graças por meio de Maria: "A Igreja considera que a intercessão da Virgem é útil e necessária".

Amemos, então, Maria e recorramos sempre a seu auxílio, se quisermos salvar-nos e fazer-nos santos; e chamemo-la, com São Bernardo, *toda a razão da nossa esperança*; com São Boaventura, *salvação de quem a invoca*; com São Germano, *respiração dos cristãos*; com Santo Agostinho, *único refúgio dos pecadores*; e enfim, com toda a Igreja militante, saudemo-la sempre, nossa vida e nossa esperança: *vida, doçura, esperança nossa, salve*.

Santa Teresa dizia que não conseguia entender como alguém pudesse ser muito devoto da rainha dos anjos sem ter especial afeto a seu esposo, São José, que tanto se empenhou, nesta terra, em servir Maria e seu caro filho Jesus. Recorramos, finalmente, à mesma santa para que nos alcance a devoção a Maria e São José.

Oração

Eu me alegro, ó Santa Teresa, que nos céus estais em companhia de vosso pai, São José, que tanto na terra vos favoreceu e amou. Agora que já o estais agradecendo, comprazendo-vos daquela grande glória com que Jesus o enriqueceu, recomedai-me a esse santo tão poderoso e pedi-lhe que tome também a proteção de um miserável.

Voltai-vos depois, santa minha, para aquela divina Mãe que tudo pode e, já que ela se orgulha de ser o refúgio dos pecadores, dizei-lhe que sou um deles e o mais miserável de todos. Dizei-lhe que, de hoje em diante, como recomendado por vós, me olhe piedosamente, que me socorra nas tentações, que me assista na hora de morte. Dizei-lhe que espero de suas mãos minha salvação eterna. Dizei-lhe vós, santa minha, pois ela certamente vos ouvirá; porque, se tanto vos amou na terra, quanto mais então vos amará no céu, onde mais ainda a amais e honrais? Assim como essa grande rainha é minha grande advogada junto a Jesus, também vós, ó Teresa, sede minha advogada junto de Maria.

A vós me dirijo, então, ó grande protetor São José, não deixeis de aceitar o patrocínio do mais ingrato pecador que vive neste mundo. Eu vos peço, pelo amor de vosso amado Jesus, pelo amor de Maria, vossa esposa, e por amor, ainda, de vossa amada Teresa, que tanto se fatigou na terra em fazer crescer vossa glória, que me fazei morrer, como morrestes vós, entre os braços de Jesus e de Maria.

E vós, Virgem Santíssima Maria, vós, que sois a salvação, a consolação, a riqueza das almas, fazei que seja vosso servo e vos ame: em vós coloco todas as minhas esperanças.

Finalmente vós, meu dulcíssimo caro Redentor, vós bem sabeis que a única finalidade pela qual imploro a intercessão de Maria, de José e de Teresa é não querer perder-vos, mas amar-vos ainda mais. Ah, meu Deus, meu tudo, único meu amor e rei de meu coração, reinai, reinai vós sobre tudo o que sou: ordenai aos meus sentidos, às minhas potências e, com a doce força de vosso amor, fazei-vos obedecer como desejais. Meu rei e meu pai, eu vos dou toda a minha vontade e toda a minha liberdade: tomai-a e fazei de mim o que mais vos agradar. Fazei que eu vos ame e que seja por vós amado, nada mais desejo e com isso me contento. Amém.

7ª Consideração
Sobre a ferida de amor que o coração de Santa Teresa recebeu de Deus

Desde o momento em que Jesus declarou Teresa sua esposa, de maneira tão amorosa, como consideramos acima, ela ficou de tal modo presa a seu amado que nada mais pensava senão em lhe ser agradável. Vendo-se tão favorecida pelo divino amor e, ao mesmo tempo, tão pobre em corresponder a tantas graças, docemente exclamava como a esposa dos Cânticos:

"Acudi-me com confortativos de flores, trazei-me pomos, que me alentem: porque desfaleço de amor" (Ct 2,5). Animava-se, então, tanto com o desejo de padecer para mais agradar a Deus, quanto com ânsias de morrer para amá-lo mais perfeitamente: essas eram suas flores. Além disso, buscava confortar seu abatido coração com os frutos do amor que são as santas obras, com as penitências, as humilhações e, sobretudo, com as fadigas, que assumiu e enfrentou na grande obra da Reforma, quando chegou a fundar trinta e dois mosteiros, pobre, sem ajudas humanas e criticada pelos grandes deste mundo, como a Igreja recorda nas leituras de seu Ofício.

Mas, mesmo assim, tudo era muito pouco para satisfazer seus ardentes desejos de agradar ao celeste esposo; protestava com seu amado não ser apta para sofrer a grande dor de ver-se tão enriquecida no receber, e tão mesquinha no dar. Por isso, não raras vezes, envolvida pelas chamas do amor divino e fora de si, ficava abrasada e desfalecida. Ó, que bela visão para os espíritos bem-aventurados que a assistiam ver desfalecer aquela nobre esposa do Crucificado, exclamando: "Eu vos conjuro, filhas de Jerusalém, que, se encontrardes meu amado, lhe façais saber que estou enferma de amor" (Ct 5,8). O efeito desse santo desfalecimento (explicam os doutores) é tornar a alma tão desgostosa de si mesma e de suas coisas que não consiga nem pensar em nada mais que não seja dar gosto ao amado. É assim o amor da esposa, como nota São Bernardo, nas seguintes palavras com que faz falar uma alma-esposa: "O servo teme, o filho honra, o empregado espera. Mas eu, porque sou esposa, amo amar, amo ser amada, amo o amor". Realmente tal era nossa Seráfica Santa que, desfalecendo de felicidade, desgostosa de qualquer coisa que não servisse ao amor divino, sendo amada e amando, não buscava outro prazer que o de Deus, nem queria outro prêmio que o de amá-lo ainda mais.

No entanto, como faz o caçador para imobilizar a presa desejada, buscando, com mais feridas, imobilizá-la e fazê-la sua, da mesma forma se mostra o divino arqueiro com Teresa, enviando-lhe, várias vezes, um serafim para ferir aquele coração que queria só para si. Ouçamos a própria santa nos descrevendo essa graça, no cap. 29 de sua *Vida*: "Quis o Senhor que visse, então, algumas vezes, um anjo junto a mim, ao lado esquerdo, pequeno, muito belo, com o rosto tão incendido que parecia um serafim. Via-lhe nas mãos um dardo e, em sua ponta, um pouco de fogo. Com ela parecia me ferir algumas vezes o coração, chegando-me às entranhas, parte das quais trazia consigo quando era retirado, deixando-me abrasada no grande amor de Deus. A dor era tão intensa que me fazia soltar algumas pequenas queixas de lamentação e, tão excessiva a suavidade, que me causava essa grandíssima dor que não se pode desejar que se a tire, nem a alma se contenta com menos que com Deus. Não é dor corporal, mas espiritual, embora o corpo não deixe de participar um pouco, e até bastante. É uma carícia amorosa entre a alma e Deus que, suplico à divina bondade, o faça provar a quem pensar que estou mentindo".

Ó amável ferida, então é necessário exclamar, ó dor suave! Ó fogo desejável! Ferida que faz amar a quem é ferido: doce, mais doce que todos os prazeres do mundo; fogo mais desejável que todos os reinos da terra: és o dom mais caro que o esposo amoroso dá às suas queridas e fiéis esposas: "dom saído imediatamente do coração amoroso de Deus, pelo qual a alma, dizia a santa, não se contenta com nada menos que com Deus".

Quem tem tão grande ferida no coração não pode deixar de pensar em quem o feriu. E, mesmo que queira esquecê-lo, a própria dor o faz lembrar. Da mesma forma, a alma que é ferida pelo amor de Jesus não pode viver sem amar Jesus, sem pensar em Jesus. Se o mundo e as criaturas tentarem distraí-la de seu amoroso pensamento, a própria chaga de seu coração, docemente, obriga a pensar em quem a feriu por amor e desfalecer de amor por ele. Chega, então, a santa à conclusão dessa graça recebida com estas palavras de fogo: "Eu ficava meio fora de mim, não queria ver, nem falar, mas ficar abraçada com minha suave dor que me parecia ser o maior gáudio e contentamento de todos os que existem na inteira criação".

Mas, ó Deus! Quem então não se abrasaria com aquela dor, se dor se pode chamar, a que vem com tão feliz fogo de amor, e que faz felizes os santos no céu, e os mantém cheios de gáudio por toda a eternidade! Mas, para tornar disposto o coração a receber esse fogo e essas feridas, é necessário se resolver, de uma vez por todas, a lançar fora do coração todas as coisas que não são Deus, dando um generoso adeus a todas as criaturas e dizendo: mundo, honras, riquezas, criaturas, que quereis de mim? Eu renuncio a todas vós, deixo-vos, adeus. Meu Deus me conquistou, feriu-me. Com seu amor, ele ganhou para si, finalmente, todo o meu coração: ele me fez saber que não fica contente se não o possuir completamente. Portanto, criaturas, ide para longe de mim; não podeis me contentar, nem eu quero mais contentamentos de vós; ide contentar quem vos busca, pois eu não vos quero mais. E o que quero? Quero somente a Deus: fico contente somente com Deus: basta-me, sim, basta-me apenas Deus. Para vós baste quanto, para minha desgraça, amei-vos e servi. O tempo que me resta a viver sobre esta terra, seja pouco ou seja muito, quero empregá-lo totalmente e somente em amar aquele Deus que foi o primeiro a me amar, e merece, e busca de mim todo o meu amor.

Fruto

Nós nos lamentamos buscar a Deus e não o encontrar. Santa Teresa ensina: *Desapega o coração de todas as coisas, busca a Deus e então o encontrarás.* Se não fizermos isso, sempre estarão diante de nós aquelas coisas que amamos e que nos impedirão de encontrar a Deus. Certa vez, o Senhor disse a Santa Teresa: "Ó, quanto, de boa vontade, eu falaria a muitas almas, mas o mundo faz tanto barulho em seu coração e em seus ouvidos que minha voz não pode ser ouvida. Quem dera se afastassem um pouco do mundo!" Em muitas almas de oração, pouco ou nenhum lugar encontra o divino amor, porque vão à adoração com corações cheios de afeições terrenas. Também, por isso, advertiu Santo Inácio de Loyola, "terá mais proveito uma alma desapegada, em um quarto de hora de oração, que uma alma não desapegada, em muitas horas". O passarinho voa assim que é solto dos laços: da mesma forma, a alma que não pode viver sem amar as criaturas ou o criador, quando é libertada dos afetos terrenos, voa imediatamente para Deus. Os mestres espirituais ensinam que os defeitos não impedem o caminhar para a perfeição quando a alma busca reerguer-se, com humildade e paz, logo que cai; mas a impede, sim, qualquer mínimo laço, mesmo que seja um pequenino fio. O senado romano, como narra Santo Agostinho, concedeu adoração a trinta mil deuses, isto é, a todos aqueles que havia no mundo inteiro, mas não quis concordar com a adoração ao Deus dos cristãos, chamando-o de soberbo, pois sabia que queria ser adorado sozinho. E nisso bem tinha razão, não porque o nosso Deus seja soberbo, mas porque é verdadeiro Deus. Quem é ladrão se contenta com uma parte; mas quem é dono não fica contente a não ser com o todo. Deus, portanto, quer ser o único a possuir nosso coração, por isso impõe a cada um: "Amarás ao Senhor teu Deus de todo o teu coração" (Mt 22,37). Santa Teresa avisou a um superior: "Busquem se elevar as almas, desapegadas de toda a criação, porque se elevam para ser esposas de um rei muito ciumento, que quer que se esqueçam até de si mesmas". Procuremos, então, ter o coração desapegado das riquezas, amando a santa pobreza; desapegados dos prazeres, com a mortificação; das honras, com a humildade; dos parentes, com o desapego; e, finalmente, da vontade própria, com a obediência aos superiores, sempre renovando a Deus aquela grande oração: "Cria em mim, ó Deus, um coração puro" (*Sl* 50,12): Dai-me, Senhor, um coração vazio, desapegado, para que seja cheio apenas de vosso amor.

Oração

Minha Seráfica Santa, Santa Teresa de Jesus, vós que, com tanto amor, fostes, por vosso esposo, ao mesmo tempo, inflamada por seu fogo e ferida por seu amor, rogai, rogai por mim, para que também eu, ferido e aceso por Deus, de hoje em diante ardendo de amor só por quem merece ser amado, esqueça-me de todas as criaturas para amar apenas meu Criador.

E vós, amor meu divino, vós meu amado Jesus, já que quereis ser amado por mim, pelos méritos de vosso sangue, pela pureza de vossa mãe Maria e pelos ardores amorosos do coração ferido de vossa amada Teresa, fazei que meu coração, que foi criado por vós para apenas vos amar e não outro, meu Deus e meu tudo, comece, de hoje em diante, a considerar os bens da terra por aquilo que são, tão vis e miseráveis, e, amando-vos, comece a estimar-vos por aquilo que sois, único e infinito bem. Senhor, peço que não recuseis que vos ame um coração que, tanto tempo e com vosso desgosto, amou as criaturas. Vejo que, por tudo isso, não sou mais digno de vos amar, no entanto vós não deixastes de ser aquele Deus infinitamente amável que sois. Permiti e fazei que vos ame mais e não ame outro que vós. Ó, se vos amasse, amabilíssimo meu Salvador, ó, se vos amasse verdadeiramente, certamente não haveria mais lugar em meu coração para afetos às criaturas! Mas, por que, caro Senhor meu, não prendeis a vós todo o meu coração, já que eu todo vos dou? E, se meu coração é apegado às criaturas, desapegai-o vós, com os doces atrativos de vosso amor. Ah, meu Deus, meu Deus, meu Deus, vinde a meu pobre coração e com vosso bem-aventurado fogo consumi e reduzi a cinzas todos os desejos, todas as preocupações e todos os afetos que não forem por vós.

Maria, minha mãe, ajudai-me; Jesus, amor meu, escutai-me. Prevaleça sim, prevaleça sobre meu demérito vosso mérito. Vença vossa bondade minha malícia. Triunfe de meu coração ingrato vosso amor infinito. Amém, amém. Assim peço, assim espero, assim seja.

8ª Consideração
Sobre o desejo da morte que Santa Teresa teve

Se os mundanos temem perder seus bens, caducos e miseráveis, muito mais os santos temem perder a Deus, que é um bem infinito e eterno e promete, no céu, dar-se a si mesmo como prêmio a quem o amou na terra, fazendo-o desfrutar sua beleza e sua própria felicidade; por isso, tal como todo o seu temor, enquanto vivem, não é outro que o de pecar e, com o pecado, perder a amizade de seu amado Senhor; assim também todo o seu desejo é morrer na graça de Deus e, com a morte, assegurar amá-lo e possuí-lo para sempre. Então a morte, objeto mais temido pelos que amam a terra, é a coisa mais desejada pelos que amam a Deus, pois, para essas afortunadas almas, diz São Bernardo, a morte é, ao mesmo tempo, término de seus trabalhos e porta para a vida. Assim, vemos entre os santos quem chamava essa terra de prisão e pedia ao Senhor: "Tira do cárcere minha alma" (Sl 141,8); quem chamava essa vida de a própria morte, como São Paulo: "quem me livrará do corpo desta morte?" (Rm 7,24). Mas quem então poderia explicar a veemente ansiedade e angústia por morrer que provava nossa seráfica, sobretudo desde o momento em que o Senhor a chamou a seu perfeito amor?

Na história de sua *Vida*, que escreveu por ordem do confessor, protestou que o desejo de morrer para ir ver Deus era tanto que não lhe deixava lugar nem mesmo para pensar mais em suas culpas. Assim dizia, porque essa humílima esposa do crucificado sempre andava chorando suas imperfeições cometidas no passado contra a amor de seu esposo, as quais chamava enormes e dignas do inferno, mas que, na verdade, como declaram os escritores de sua vida, não chegaram jamais à culpa grave.

Contudo, pensando a santa no perigo em que vivia de poder ofender a Deus e perdê-lo, falava que, mesmo só um dia, lhe parecia longo demais e até mesmo uma única hora lhe parecia longa; então exclamava: "Ai de mim, Senhor, enquanto durar esta vida miserável sempre corre perigo a vida eterna. Ó vida, inimiga de meu bem, ó quem tivesse licença para encerrar-te! Suporto-te porque Deus te suporta. Eu te mantenho porque és dele.

Não me sejas traidora, nem ingrata. Ó, quando será o dia feliz em que te verei afogada naquele mar infinito da suma verdade, quando não serás mais livre para pecar?"

Com esse temor de, então, poder ofender seu Deus nesta vida, acrescentado ao grande desejo que aquela amorosa alma tinha de ver face a face o único objeto de seus amores, para assim podê-lo mais perfeitamente amar e toda a ele se unir, não podia se ver aqui, longe daquela pátria dos bem-aventurados, sempre lamentando e suspirando por seu esposo: "Ai de mim, ai de mim Senhor, é muito longo esse exílio! O que fará uma alma lançada nesta prisão? Ó Jesus, como é longa a vida do homem! É breve para adquirir com ela a vida eterna, mas é longa para a alma que deseja se ver na presença de seu Deus. Outras vezes, misturando a suas ânsias amorosas a desconfiança em seus méritos com a esperança em Deus, compunha aquela bela sinfonia de exclamações amorosas com que muito agradava seu amado: Ó vida, ó vida, dizia, como te podes manter, estando longe de tua vida? Ó morte, morte, não sou eu que vou te temer, porque em ti está a vida. Quem não te temerá, se em ti houver grande parte sem amar seu Deus? Ó minha alma, conserva-te e espera em sua misericórdia que dará remédio para tua pena".

Para entender quanto era ardente esse desejo de morrer que tinha nossa santa, seria necessário entender a pena que provava em viver entre nós que, como ela refere ao confessor, lhe parecia já destruir e terminar sua vida, pelo que, pensando nisso, chegava a ficar fora de si. Para desafogar esses seus afetos, compôs aquele inflamado e célebre poema que começa assim: "Vivo sem viver em mim e tão outra vida espero que morro porque não morro". E, em outra passagem, com sentimentos mais expressivos, deixou-nos escrito: "Quando, meu Deus, conseguirei ver toda a minha alma unida em vossa fé, desfrutando-vos com todas as minhas potências? Não permitais, Senhor, que continue sendo despedaçada, pois parece que por todos os lados estou em pedaços".

Em suma, todo o seu descanso e toda a sua consolação na vida era pensar em sua morte. Assim ela se consolava nesta terra: "Então, então minha alma, entrarás em teu repouso, quando te ocuparás com o sumo bem e entenderás o que ele entende, amarás o que ama e desfrutarás o que ele desfruta, pois verás perdida tua miserável vontade". De modo que se pode dizer que nossa santa se conservava na vida apenas pela esperança da vida eterna, pela qual renunciava a todos os bens do mundo. Protestava ela: "Quero viver o mais rápido e morrer esperando a vida eterna que possuir todos os bens. Senhor, não me abandoneis, porque espero em vós. Que eu vos conserve sempre e fazei de mim o que vos agradar".

Fruto

Seja, então, o fruto dessa meditação ter grande desejo do paraíso. São Filipe Néri, quando lhe foi oferecida a dignidade de cardeal, jogando o chapéu para o ar e elevando os olhos para o céu, replicou: "Paraíso, paraíso, prefiro o paraíso". Santo Egídio se erguia da terra em êxtase quando ouvia mesmo as crianças dizerem brincando: "Frei Egídio, paraíso, paraíso". Querem os doutores que no purgatório padeça uma pena particular, chamada de pena da languidez, quem pouco desejou o paraíso na vida presente: e, com razão, porque demonstra pouco amor a Deus quem pouco deseja desfrutar face a face sua infinita beleza. Tanto mais que, nesta vida, não podemos viver sem ofendê-lo continuamente, ao menos, levemente: e, se aqui o amamos, amamos ainda tão imperfeitamente que apenas achamos que o amamos.

Suspiremos, então, pelo paraíso, onde não ofenderemos mais Deus e o amaremos sempre com todas nossas forças. Quando nos atormentam as aflições desta vida, animemo-nos a suportá-las em paz com a esperança do paraíso. Quando o mundo ou o demônio nos oferecerem aqueles frutos proibidos, voltemos-lhes as costas, erguendo os olhos para o paraíso. Se nos aterrorizar o temor dos juízos divinos, animemo-nos com a esperança na bondade do nosso Deus, que, para nos fazer entender quanto deseja nos dar o paraíso, mandou, sob pena de condenação, esperarmos esse paraíso de sua misericórdia. Antes, para que obtenhamos esse grande bem, quis comprá-lo para nós com seu sangue e com sua morte; e, para maior segurança, quis nos dar garantia dele ao se nos doar a si mesmo no Santíssimo Sacramento do altar.

E, se então nos espantar nossa fraqueza, reforcemos nossa esperança na mesma bondade do nosso Senhor, que, assim como nos deu seus méritos para aspirarmos ao paraíso, também nos dará a força para perseverar em sua graça até a morte, sempre que recorrermos à sua misericórdia para obter essa força e essa perseverança.

Oração

Minha santa advogada, eu me alegro convosco por terdes chegado ao porto, ao destino de vossos suspiros, onde não mais acreditais, mas vedes a Divina Beleza, não mais esperais, mas possuis o Sumo Bem. Eis que agora já desfrutais face a face aquele Deus que aqui tanto amastes e desejastes. Vosso amor é agora saciado; vosso coração amoroso não tem mais o que temer. Minha santa, tende piedade de mim que ainda estou no meio da tempestade; rogai para que me salve e vá, juntamente convosco, amar vosso Deus, que tanto desejastes ver amado.

Ó bela pátria, ó feliz pátria das almas que amam a Deus, onde o amam sem medo de perdê-lo, sem frieza e sem-fim, eu, de longe, saúdo-te desde esse vale de lágrimas e suspiro só por ti porque em ti espero amar meu Deus eternamente e com todas as forças.

E vós, meu amor Jesus, já que me criastes para vos amar eternamente, já que, com tanta insistência, me ordenastes que vos ame e, apenas para essa finalidade, me destes a vida e me a conservastes ainda quando era vosso inimigo; já que sois, ao mesmo tempo, tão amável e tão amoroso por minha alma, que (por assim dizer) não resta mais o que fazer para vos fazer amar por mim, verme indigno e ingrato, dizei-me, Senhor, porque eu não vos amo? Dizei-me como posso amar outro que não vós? Ah, meu Deus, tão digno de amor, já vejo o castigo que me é devido, mereceria ser condenado a não mais vos poder amar. Mas não, meu amor, aceito qualquer castigo, mas esse castigo, não. Fazei que vos ame e, então, castigai-me como quiserdes. Eu quero me salvar para vos amar. Transformai esse meu coração, ajudai-me a expulsar todo amor que não seja por vós. Meu criador, meu Deus, minha vida, meu amado, meu amor, meu tudo, salvai-me: e só vos peço que me salveis para que eu possa vos amar sempre e com todas as forças. Concedei-me isso por amor de Jesus e de Maria. Ah, Maria, vós sois minha esperança. Vós podeis tudo o que quereis: vós que não despedis sem consolo qualquer um que recorra a vós. Eu a vós recorro, em vós confio, por vós espero amar meu Deus para sempre. Amém.

9ª Consideração
Sobre a preciosa morte de Santa Teresa

Partindo, a santa madre, da cidade de Burgos, desejava ir até seu querido mosteiro de Ávila, a fim de desfrutar algum repouso naquele caro e primeiro ninho onde deu início à Reforma; mas, para outro ninho e repouso, chamava-a seu esposo celeste: ele a queria já na pátria feliz; por isso dispôs que recebesse, por obediência de seu provincial, a ordem de ir ao mosteiro de Alba onde Deus a esperava para libertá-la do cárcere desta terra e conduzi-la a suas bodas eternas. "Vem, ó minha santa, vem; teu esposo já está contente com tuas fadigas; e já se comoveu, com piedade, de teus suspiros. Vem ao desejado repouso; das tempestades, ao porto. Vem, para começar aquela nova vida de amor à qual darás logo começo com uma morte de amor que o Senhor, nesse afortunado lugar, prepara-te".

A santa obedeceu e chegou a Ávila no dia de São Mateus, seis horas depois do meio-dia de 1582. Suas filhas a receberam com grande reverência e amor, talvez adivinhando que a deveriam perder em breve. Receberam sua bênção e beijaram sua mão, falando com elas a santa madre em palavras plenas de ternura e de afeto.

Chegava já cansada e doente pela viagem e pela febre que lhe tinha tomado. Por isso, solicitada por suas filhas, imediatamente se dirigiu para o leito dizendo: "Ó, Deus me ajude, filhas; como me sinto cansada! São mais de vinte anos que não vou para a cama assim, com tanto gosto, como nesta noite. Bendito o Senhor por ter caído doente entre vós".

Pelos oito dias seguintes, continuou pouco saudável, mas levantava-se todos os dias para receber seu Jesus sacramentado, única vida de seu viver. Então, no dia de São Miguel, obrigada pela doença que a aproximava da morte, a enferma caiu de cama para não mais se levantar. Esteve assim um dia e uma noite, absorta em oração, na qual percebeu a aproximação da hora de seu repouso, sendo-lhe revelada hora e momento de sua passagem. Por isso disse à amada companheira de suas viagens, a venerável irmã Ana de São Bartolomeu, que já era chegada sua partida. Três dias antes de sua morte, tendo vindo confessá-la o Pe. Antônio de Jesus, falou que pedisse a Deus que lhe desse vida para o bem da Reforma, mas a santa respondeu que não se cansassem mais com isso porque sua partida era certa e, sua permanência, não mais necessária na terra. Os médicos fizeram sangrias, e ela aceitou de boa vontade, não já por vontade de ficar boa, mas pela ânsia de partir e, entre padecimentos (como ela sempre havia suspirado), findar sua vida por amor de seu amado esposo, que quis morrer entre tantas penas.

Na vigília de São Francisco, pediu o Santíssimo Viático e, enquanto lhe estavam levando, ajoelhadas as religiosas em seu quarto, aflitas e chorando, ela, com as mãos postas, começou a dizer: "Minhas filhas e minhas senhoras, perdoai o mau exemplo que vos dei e não aprendei de mim que sou a maior pecadora do mundo e a que menos de todas observei minha Regra. Por amor de Deus, minhas filhas, peço-vos que a observeis com perfeição e obedeçais aos superiores". Ela, que havia sido tão amante da obediência, nada mais que obediência recomendou na morte, sabendo que, da perfeita obediência, depende a perfeição de toda religiosa.

Quando chegou a santa comunhão, ela, embora tão completamente sem forças que só com esforço conseguia se mover, à vista de seu esposo sacramentado, adquiriu vigor para se sentar na cama por si mesma. Era tão grande o ímpeto que o amor lhe dava que parecia (como se narra na *Vida*) que quisesse pular da cama para ir ao encontro e receber o único amado de sua alma. Seu rosto ficou de tal modo incendiado e brilhante que não era mais possível contemplá-lo. Juntando as mãos e ardendo da mais viva chama, como uma fênix amorosa, que chega cada vez mais próxima do final de sua vida, falava sempre mais acesa de amor com seu esposo, enchendo a todos de ternura. Entre outras coisas, dizia: "Ó meu Senhor e meu esposo, chegou a hora tão esperada, já é o momento de nos vermos, meu Senhor. Já chegou a hora de eu partir deste exílio e de minha alma desfrutar convosco aquilo que tanto desejou".

Tanto se consolava nesse momento, agradecendo a Deus ser filha da Santa Igreja, que não fazia mais que repetir com júbilo: "No final, Senhor, sou filha da Igreja". Como, também, repetia várias vezes aquele versículo de Davi: "ao coração contrito e humilhado, não o desprezarás, ó Deus" (Sl 51,19). No dia seguinte, depois de ter recebido a Extrema Unção, estando abraçada ao crucifixo, ficou quatorze horas em êxtase, fora de si, com o rosto todo inflamado e sem movimento, começando já, desde então, a gozar de uma parte da grande glória que Deus lhe preparava no céu, ao qual já o esposo lhe chamava dizendo: "Levanta-te, apressa-te, amiga minha: e vem" (Ct 2,10). Então, a venerável Ana, sua companheira, antes que a santa expirasse, viu, assistindo-lhe aos pés da cama, seu esposo Jesus com muitos anjos que aguardavam para conduzi-la ao céu. Viu, ainda, fazer-lhe companhia sua doce mãe, Maria, e seu amado pai, São José. E, então, foram vistas também muitas pessoas vestidas de branco, todas resplandecentes, que com tal festa entraram na cela onde estava a santa moribunda e se pensou ser os dez mil mártires, que, em vida, lhe tinham prometido acompanhá-la ao paraíso. Aproximando-se eles do leito, nesse momento, ela, consumando sua bela vida em um doce incêndio de amor, por força do amor, docemente expirou, saindo desse cárcere sua alma bendita, voando, qual amorosa pomba, para a posse de seu amado: enquanto, de fato, foi vista voar para o céu como uma pomba branca. No mesmo momento, apareceu gloriosa à irmã Catarina de Jesus, dizendo-lhe que, por ímpeto de amor, já tinha se extinguido sua bela vida e que estava indo desfrutar de Deus. Saiu, então, tanto perfume e fragrância de seu bendito e virginal corpo que se espalhou por todo o mosteiro.

Fruto

Eis o belo prêmio que encontram, na morte, as fadigas dos santos. Enquanto os pecadores colhem, em sua morte, os primeiros frutos de sua condenação, tristezas, confusões, remorsos e desesperos, os santos, pelo contrário, colhem a paz, luz e alegria. Ai de mim, como podem tantos cegos empregar todos os seus pensamentos com este mundo, quando sabem que, em breve, o haverão de deixar? Vinde, vinde ó loucos, vinde ver, nessa pobre cela de Teresa, com que alegria se morre e se parte do mundo quem já o deixou na vida para se dar a Deus. Alma devota, tende sempre diante dos olhos aquele ato final que para vós acontecerá na morte e fazei agora o que querereis ter feito, e não podereis fazer naquele momento. Sereis santa, e tereis, também vós, uma morte feliz.

Oração

Eis, então, ó Teresa, ouvidos vossos suspiros, realizados vossos desejos e contentado vosso amor. Já estais fora deste exílio: já chegastes ao repouso. Naquela amada pátria, não andais mais buscando o fim da vida, porque já possuis aquela verdadeira vida que, plena e eternamente, saciará vosso coração e não vos deixará mais nada a desejar. Já gozais aquele bem que amastes; já amais aquele Deus que buscastes; e já tendes aquele amor que desejastes: eu me consolo convosco e agradeço a vosso Deus, que já vos coroou como sua eterna esposa e, com tanta glória, na feliz morada.

Mas vós, em vossas grandezas, não vos esqueçais de nós, miseráveis, tende piedade de nós que, ainda peregrinos, caminhamos, chorando por esse vale de lágrimas, entre tantos perigos de perder Deus. Por compaixão, socorrei-nos com vosso Jesus para que nos perdoe tantas culpas que até agora cometemos. Rogai a ele que nos liberte de todo apego a este mundo, onde podemos perder o encontro convosco, um dia, para amá-lo no paraíso.

E vós, amável Redentor e Pai das almas, seja glória de vossos méritos o salvar também a mim e fazer-me sair desta vida em vossa graça. Ah, meu único bem, eu tenho sido, é verdade, o mais ingrato de todas as criaturas; tão beneficiado e tão ingrato. Mas, agora desejo, verdadeiramente, amar-vos com todo o coração e dedicar-me todo a vosso puro amor. Aceitai-me, Senhor meu, que eu todo a vós me dou e me consagro sem reserva. Renuncio e desprezo como lixo tudo quanto preza e valoriza o mundo, para obter somente vós, meu Jesus e vosso amor. Em suma, meu Deus e meu tudo, não quero outra coisa que vós, no tempo e na eternidade. Só vós sois e sereis meu único tesouro, por quem sempre quero viver e suspirar. Fazei, vós, Salvador meu diletíssimo, que se aperfeiçoe em mim, com vossa graça, esse desejo que vós mesmo me destes. Vós, que, por amor, vos consumistes por mim, fazei que eu, por amor, todo me consuma por vós, até que chegue um dia a possuir-vos com o amor no céu, onde não vos poderei mais perder, nem mais vos serei ingrato, mas vos amarei com todas as forças e por toda a eternidade.

E vós, minha dulcíssima esperança, Santíssima e sempre Virgem Maria, obtende para mim quanto desejo de vosso Filho. Por amor dele vos peço que me aceiteis no número de vossos servos, como o escravo mais vil que tendes. Vós, que sois meu refúgio, minha salvação, não permitais que se perca quem em vós confia. Por vós espero chegar a louvar no céu as divinas misericórdias. De modo que, com as palavras que agradavam tanto vossa filha Teresa enquanto ainda vivia nesta terra, irei, para sempre, suspirando e clamando: "Eu cantarei eternamente as misericórdias do Senhor; anunciarei tua verdade por minha boca, de geração em geração" (Sl 88,2). Amém. Assim seja.

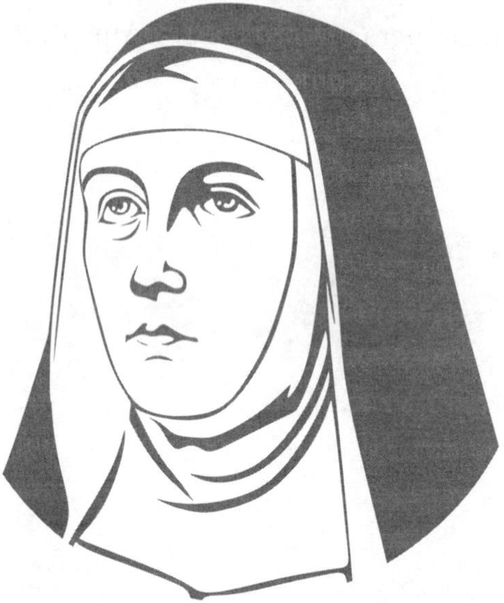

4
MEDITAÇÃO PARA O DIA 15 DE OUTUBRO, NA FESTA DE SANTA TERESA

1. Consideremos o amor ardente que essa Seráfica Santa tinha para com Deus. Como lhe parecia impossível haver no mundo alguém que não amasse a Deus, dizia: "Meu Deus, não sois o mais digno de amor por causa de vossas infinitas perfeições e pelo infinito amor que tendes para conosco? Como, então, é possível que se ache alguém que não vos ame?" Ela era muito humilde, mas, falando do amor, não deixava de dizer: "Eu sou toda imperfeição, exceto nos desejos e no amor". A santa escreveu aquela bela passagem: "Desapega teu coração de todas as coisas e busca Deus, então o encontrarás". Por outro lado, dizia que para quem ama a Deus é fácil se desapegar da terra. Ah, meu Deus, nada mais é preciso a não ser vos amar de fato para que vós torneis tudo fácil. E, em outro lugar, escreveu assim: "Já que temos que viver, que vivamos por vós, e acabem-se os nossos interesses. Que maior

coisa se pode ganhar que dar gosto a vós? Ó minha felicidade e meu Deus, o que farei para vos agradar?" Chegava a dizer que, quando fosse para o céu, não se preocuparia em ver que os outros desfrutassem mais que ela, mas que não poderia aguentar ver que os outros amassem mais a Deus que ela.

2. Admirável nessa santa é ver o espírito decidido com que buscava cumprir todas as coisas que sabia serem do agrado de Deus. Dizia: "Não há nada, por mais pesado que seja, que, colocado diante mim, não assuma corajosamente". Por isso ensinava que o amor de Deus se adquire decidindo-se a agir e padecer por Ele. Dizia em outra passagem: "porque das almas irresolutas o demônio não tem medo". Como se sabe, para dar gosto a Deus, chegou ao voto de fazer, em todas as coisas, o mais perfeito. E, como é no padecer por Deus que mais se conhece o amor, desejava viver apenas para padecer; por isso escreveu: "Não me parece que haja motivo para viver, se não para padecer; e, com ainda maior amor, por ser vontade de Deus. Digo-lhes de todo o coração: Senhor, ou padecer ou morrer; nada mais vos peço". Chegou a tal ponto seu amor que Jesus Cristo um dia lhe disse: "Teresa, tu és toda minha e eu sou todo teu".

3. De tal forma se tornou querida a seu esposo que Jesus mandou um serafim ferir-lhe o coração com dardo de fogo. Finalmente, da mesma forma como viveu,

assim também morreu, inflamada de amor. Chegando o final de sua vida, todos os seus suspiros eram por morrer e ir unir-se a Deus: "Ó morte, não sei quem tem medo de ti, porque em ti está a vida. Minha alma serve a teu Deus e espera que ele dará remédio para tua pena". Por isso compôs aquele terno poema: "Vivo sem viver em mim e tão outra vida espero que morro porque não morro". Quando chegou o viático, ela lhe disse: "Ó, meu Senhor, já chegou a hora desejada, já é a hora de nos vermos face a face". E depois morreu de puro amor, como ela mesma revelou após sua morte. Ó, minha Seráfica Santa, agora já gozais daquele Deus que tanto amastes na vida em meio a tantos perigos de perdê-lo. Alcançai-me com vossas orações ir convosco amar sempre o nosso Deus no paraíso.

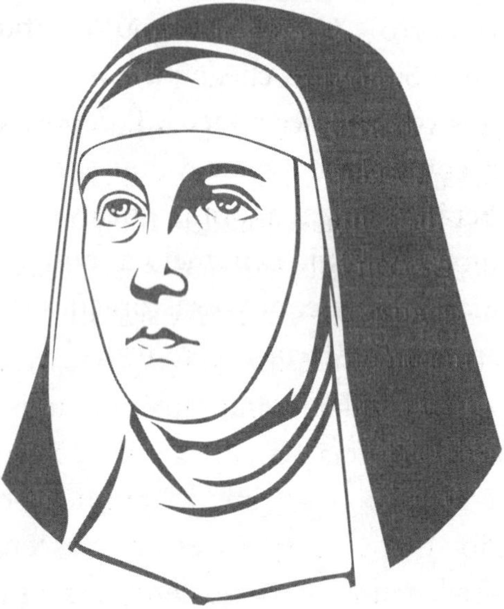

5
BREVE PRÁTICA PARA A PERFEIÇÃO, RECOLHIDA DA DOUTRINA DE SANTA TERESA

Toda a perfeição consiste em colocar em prática duas coisas: "O desapego das criaturas e a união com Deus". É o que está contido naquele grande ensinamento que Jesus Cristo nos deixou: "Se alguém quer vir após de mim, negue-se a si mesmo, e tome sua cruz, e siga-me" (Mt 16,24).

E, antes de tudo, o desapego das criaturas. Diz São João: "porque o que há no mundo é concupiscência da carne, e concupiscência dos olhos, e soberba da vida: a qual não vem do Pai, mas sim, do mundo" (1Jo 2,16). Assim sendo, todas as imperfeições nascem de três amores desordenados: amor *aos prazeres*, às *coisas* e à *estima de si mesmo*. Bela é a sentença de Santa Teresa a esse respeito: "É consequência justa que, quem vai atrás de coisas perdidas, também ele se perca".

Quanto ao primeiro tipo de amor, aos *prazeres* e às próprias *satisfações*, ele é vencido pelo desapego, por meio da mortificação *interna* e *externa*.

A *mortificação interna* consiste em regular as paixões, jamais agindo por amor próprio, vaidade, humor ou motivos humanos; mas apenas para dar gosto a Deus. Todas as paixões internas são substancialmente *irascíveis* ou *concupiscíveis*.

Das paixões irascíveis, o principal efeito é a *ira*, vencida com a virtude da *mansidão* praticada nos seguintes atos:

1. Jamais se irritar contra o próximo.
2. Conversar com doçura com todos, sem distinção.
3. Falar em voz baixa, com rosto sereno e palavras doces, especialmente com pessoas iradas.
4. Suportar em paz os defeitos, as injúrias e moléstias dos outros.
5. Não se inquietar, nem perder o ânimo, pelos defeitos próprios, mas humilhar-se imediatamente e reerguer-se em paz, fazendo um breve arrependimento. Depois, sem pensar mais nisso, retomar o caminho com maior fervor e maior confiança em Deus. Fazer isso sempre que cair.
6. Jamais falar, nem agir, quando o coração estiver perturbado. Dizia São Francisco de Sales: "Fiz um acordo com minha língua de não falar quando meu coração estiver perturbado". Nessa perturbação, é muito útil falar com o diretor ou outra pessoa espiritual.

Quanto à paixão concupiscível, é necessário retirar todo amor desordenado por qualquer tipo de pessoa, especialmente jovens e do sexo oposto, evitando conversação, palavras ou cartas afetivas, presentes, brincadeiras e qualquer outra coisa capaz de acender o afeto. Diz Santa Teresa: "Tirai da vista as ocasiões não boas e então, imediatamente, a alma se voltará para amar a Deus". A respeito de nossos pais, procuremos sempre contentar primeiro a Deus, porque os parentes amam mais seus interesses que nosso proveito. Sendo assim, é necessário:

1. Não deixar o exercício das virtudes para fazer a vontade deles.
2. Quando Deus chamar para estado ou vida mais perfeita, é necessário deixá-los corajosamente, obedecendo primeiro a Deus.
3. Não se intrometer em assuntos de família nocivos ao proveito próprio, a não ser por caridade.

Pertence, ainda, à concupiscência vencer a vontade própria que, por sua vez, é vencida com a virtude da *obediência*. Santa Teresa disse que a obediência é caminho mais curto para a perfeição e exclamou: "Ó virtude da obediência que podes tudo!" No mesmo sentido, Santa Catarina de Bolonha dizia que a obediência sozinha é mais agradável a Deus do que todas as outras boas obras. Assim sendo, na prática, é necessário:

1. Regular-se em todas as coisas da alma, por mínimas que sejam, com obediência aos superiores ou às próprias Regras ou ao padre espiritual, que, necessariamente, cada um deverá ter. Santa Teresa disse: "O demônio sabe em que consiste o remédio de uma alma, por isso se esforça muito para impedi-lo". Por outro lado, disse que "Deus, de uma alma que está resolvida a amá-lo, não quer outra coisa, senão que obedeça".
2. É preciso obedecer imediatamente, deixando tudo por fazer, e obedecer em tudo onde não se perceber pecado evidente.
3. Obedecer *de boa vontade* e não com amargura.
4. *Obedecer cegamente*, sem buscar o motivo, mas conformando o próprio sentimento com o sentimento dos superiores. Por último, nas coisas boas, em que não constar obediência expressa, o mais seguro é aderir ao que for contrário à inclinação pessoal.

A mortificação *externa*, por sua vez, importa em desapegar-se dos prazeres dos sentidos, mortificando:

I. A *visão*, não olhando objetos ilícitos, perigosos ou curiosos: andar com os olhos baixos, conservar a modéstia consigo ao despir-se, vestir-se e em qualquer outra ação.
II. A *audição*, afastando-se de conversas de murmurações, impurezas ou fofocas.

III. O *olfato*, privando-se do perfume das flores, águas de cheiro, perfumes etc.
IV. Para mortificar o *paladar*, é necessário atender: Quanto à *quantidade*. 1. Não comer ou beber só para satisfação, nem até ficar saciado, mas o suficiente. 2. Não comer fora da mesa. 3. Deixar sempre alguma porção por amor de Jesus e Maria. 4. Jantar pouco de noite e deixar de jantar algumas noites. 5. Fazer alguma abstinência em determinados dias da semana. 6. Sexta-feira e sábado fazer jejum a pão e água: ou ao menos comer só uma refeição. Quanto à *qualidade* dos alimentos. 1. Não buscar alimentos delicados e gostosos; nem temperos ou outros condimentos aromáticos, molhos e semelhantes. 2. Algumas vezes, usar ervas amargas nos alimentos. 3. Pelo menos, nunca reclamar quando os alimentos estiverem mal preparados, frios ou sem sal.
V. O *tato* se mortifica. 1. Não buscando muito conforto no dormir, vestir ou sentar-se. 2. Privar-se do calor no inverno e de leques e abanadores no verão. 3. Usar alguma mortificação aflitiva de disciplinas, cilícios, cruzes e semelhantes; mas sempre com obediência ao diretor; de outra forma, disse São Filipe Néri, ou se perde a saúde ou a humildade. 4. Pelo menos não se lamentar das doenças, fadigas, incômodos, angústias internas;

e oferecê-las continuamente a Jesus Cristo. Sobre as mortificações externas, Santa Teresa nos deixou belas sentenças: – *Pensar que Deus aceita gente acomodada em sua presença é um despropósito.* – *Diversão e oração são incompatíveis.* – *Almas que, de fato, amam a Deus não devem pedir descanso.* Pertence ainda à mortificação externa mortificar a *língua* com a virtude do *silêncio,* que compreende: 1. Falar pouco e com moderação. 2. Em algumas horas do dia, não falar nada, a não ser por necessidade. 3. Falar muito com Deus, e em toda conversa colocar sempre algum sentimento espiritual. Dizia Santa Teresa: "Nas conversas dos servos de Deus, sempre se encontra Cristo presente e lhe agrada muito que se deleitem com ele".

O segundo amor desordenado é às *coisas*, e esse se vence com a virtude da *pobreza.* 1. Retirar todo o supérfluo e deixar apenas o necessário, ou tirar, ao menos, o apego ao que se possui. 2. Escolher para si as coisas piores. 3. Alegrar-se quando falta até o necessário. Dizia Santa Teresa: "É um bem aquele da pobreza, que compreende todos os bens do mundo". E, em outra passagem: "Quanto menos possuirmos aqui, tanto mais desfrutaremos na eternidade".

O terceiro amor desordenado é à *estima própria*, e é vencido com a virtude da *humildade*. Para exercitá-

-la é necessário: 1. Dar a glória a Deus por todo o bem que se fizer, retirando do coração qualquer vã complacência. Santa Teresa: *quando temos o único objetivo de agradar a Deus, o Senhor nos dá forças para vencer qualquer vanglória.* 2. Considerar-se pior que todos e que todos são melhores, olhando sempre as qualidades dos outros e os próprios defeitos; especialmente, lembrando as tantas graças que recebeu de Deus. 3. Desejar ser considerado o pior e assim também ser tratado pelos outros. 4. Não procurar honras, elogios, nem cargos de honra, pelo contrário, só aceitá-los por obediência aos superiores. 5. Não se desculpar ou defender, mesmo que seja completamente inocente, a não ser em caso de escândalo ou impedimento para a maior glória de Deus. Santa Teresa: "Deixar de se desculpar contribui mais para a perfeição de uma alma do que ouvir dez sermões". 6. Quando um bem maior não o exigir, jamais dizer uma palavra de louvor a si mesmo, sobre seus talentos, sua linhagem, seus parentes, suas riquezas etc. 7. Suportar e se alegrar diante de Deus por ser desprezado, repreendido, ridicularizado, caluniado ou perseguido. Dizia Santa Teresa: "Quem é que pode, vendo o Senhor coberto de chagas e aflito pelas perseguições, não lhe abraçar ou desejar?" Sempre foi prática dos santos buscar de Deus a graça de serem desprezados por seu amor. Na oração, é muito bom se preparar para suportar os desprezos, prevendo todos os encontros que possa vir a ter. Santa Teresa também dizia: "Vale mais um ato de humildade do que toda a ciência do mundo".

Algo principal para chegar à perfeição, como já acenamos no início, é a *união com Deus*, que se alcança pelos seguintes meios:

Amar a Deus com *amor* perfeito: 1. Sobre todas as coisas, guardando-se de cometer qualquer mínimo pecado ou defeito *deliberado* de olhos abertos, até mesmo, mais que perder a vida: *Deus nos livre de pecado tão advertido*, dizia Santa Teresa, *por muito pequeno*. Disse mais: "Por meio de coisas pequeninas, o demônio abre buracos por onde entram as coisas grandes". E adverte em outra passagem: "A verdadeira devoção consiste em não ofender a Deus e em estar resolvido a realizar qualquer coisa boa". 2. É necessário amá-lo com todo o coração, desejando resolutamente chegar à perfeição para agradar a Deus. Sobre isso, nota Santa Teresa: "Deus não deixa sem pagamento, ainda nesta vida, qualquer desejo bom". E repete sempre que o Senhor, ordinariamente, só faz grandes favores a quem deseja muito seu amor. Em seguida, aos desejos é necessário unir as ações, resistindo nas ocasiões, vencendo os respeitos humanos, as repugnâncias pessoais e os interesses terrenos. 3. Continuamente amar a Deus em todas as situações com objetivo de dirigir e oferecer a ele tudo o que se fizer, mesmo as ações banais, como alimentar-se, recrear-se licitamente e todo o resto, mesmo os passos e as respirações, sempre unindo às ações de Jesus e Maria quando estavam na terra. Ainda mais, sofrer alegremente, por seu amor, todas as dificuldades e contrariedades: conformando-se, antes, uniformizando-se, com a vontade de Deus em tudo o que quiser fazer em nós e de nós. Sobre isso, deixou-nos Santa Teresa excelentes doutrinas: "O que de melhor podemos ganhar além de saber que estamos dando gosto a Deus?" E explicou: "Enquanto estivermos neste mundo, ganhar não consiste em desfrutar mais de Deus, mas em fazer mais sua vontade". Em outra passagem: "Muita força tem ofercermos a Deus a nossa vontade, porque o obriga a se unir com nossa baixeza. – A verdadeira união é unir nossa vontade com a vontade de Deus". Por último, para manter acesa a chama do nosso amor a Deus, é necessário fazer, frequentemente, atos de amor durante o dia, mas, especialmente, na oração e na comunhão, dizendo-lhe: "Amantíssimo e único meu tesouro, meu Deus, meu tudo, eu te amo com todo o coração. Eu me dou todo a ti sem reserva e consagro todos os meus pensamentos, meus desejos, todos os meus afetos. Não quero, não suspiro, não busco outra coisa a não ser a ti, somente a ti, minha vida. Teu gosto é meu gosto. Faz em mim e de mim o que te agradar. Meu Deus e todo o meu bem, dá-me teu amor e nada mais". E assim por diante.

Quanto ao 2º, para unir-se a Deus é necessário prestar atenção à *oração mental*, cuja propriedade, segundo São João Clímaco, é unir a alma com Deus por meio do amor, que é aceso na oração. Por isso é bom dar a essa oração todo o tempo possível, ao menos meia hora de manhã e meia hora à tarde, meditando as verdades eternas ou os benefícios divinos, e mais ainda, a vida e a morte de Jesus Cristo.

Depois da meditação, sempre que a alma não for elevada à contemplação por graça especial de Deus, é bom se ocupar com afetos e inspirações devotas, sem se fazer violência, buscando isso, não por sentimento, mas com pura vontade de fazer a oração. Ao terminá-la, sempre tomar alguma decisão prática que seja proveitosa.

Notemos os belos textos que Santa Teresa nos deixou sobre a oração: "O tempo que se gasta sem fazer oração é completamente perdido. – A alma que deixa a oração se coloca, por si mesma, no inferno, sem necessidade de demônios. – As cartas são um grande tesouro de oração, desde que sejam acompanhadas de humildade".

Quanto à aridez, é belo o incentivo que nos dá a santa: "O Senhor prova os que o amam por meio da aridez e das tentações. Mesmo que a aridez dure a vida inteira, a alma não deve deixar a oração, pois chegará o momento em que tudo isso será muito bem recompensando". Em outra passagem: "Amar a Deus não consiste em ternuras, mas em ser forte e humilde. Tenho certeza de que a alma que persevera na oração, por maiores pecados que o demônio lhe lance, o Senhor a conduzirá ao porto da salvação. – O demônio sabe que já perdeu a alma que se preocupa em perseverar na oração. – Quem não deixa o caminho da oração poderá demorar, mas sempre conseguirá chegar". Tenhamos presente que precisamos de três guardiões da oração: o *retiro*, o *silêncio* e o *desapego*. Além disso, sempre unir com a oração uma leitura espiritual, ao menos meia hora por dia, de autores como Rodriguez, Sangiure e outros. E valorizemos especialmente a leitura das vidas dos santos, como tanto recomendava São Filipe Néri.

Quanto ao 3º também é necessário (com a maior frequência possível), sob direção do padre espiritual, fazer a comunhão, chamada de sacramento de união, em que a alma se une inteiramente com Jesus. Mas atenção para a preparação, dirigindo todos os exercícios espirituais para preparação da comunhão, jamais deixando de fazer a ação de graças depois, conversando uma hora ou ao menos meia hora com afetos e orações. Santa Teresa dizia: "Como, então, Jesus está na alma como em um trono de misericórdia para dispensar suas graças, depois da comunhão não percamos tão boa oportunidade para negociar com ele". E em outra passagem: "Quando Sua

Majestade encontra boa acolhida, costuma pagar muito bem pelo alojamento". Para a preparação e o agradecimento ajuda muito pensar em três coisas: 1. *Quem vem? Jesus.* 2. *A quem vem? A mim.* 3. *Por que vem? Para ser amado.* Ao que vão unidos três atos: de fé, de humildade e de amor. Podem servir, finalmente, aquelas três grandes palavras: *creio, espero* e *amo*. Para nossa união com Deus, também ajuda muito fazer diversas *comunhões espirituais* durante o dia. Santa Teresa advertia: "Comungar espiritualmente é muito proveitoso, não deixeis isso, e assim o Senhor provará quanto ao mais". Ainda, fazer muitas visitas ao Santíssimo Sacramento. A santa dizia: "O que seria de nós se não houvesse no mundo o Santíssimo Sacramento!" São Dionísio Areopagita garante que nada nos ajuda tanto na perfeição quanto o Santíssimo Sacramento. E, com a visita ao Santíssimo, fazer também a visita à Mãe de Deus, Maria.

Quanto ao 4º, depois, para nos conservarmos unidos com Deus, é absolutamente necessária a *oração*. Sabemos, pelo Evangelho, que, ordinariamente, Deus não dispensa graça a quem não pede. Assim, desde manhã, quando nos levantamos, precisamos nos recomendar com confiança a Jesus e Maria para que nos acompanhem.

Também é muito bom repetirmos isso no início de todas as ações, saindo de casa, quando lemos, repousamos etc. e nunca deixarmos de fazer, no final do dia, o *exame de consciência* e o ato de contrição. Quando vierem as tentações e o perigo de pecar, sempre é necessário recorrermos a Deus, ao menos, dizendo os nomes de Jesus e Maria e invocando sua ajuda. Santa Teresa dizia: "Eu não consigo entender certos medos: Demônios! demônios! Quando podemos dizer: Deus! Deus! E fazer o demônio tremer". Sempre é necessário pedir a Deus a vitória sobre nossa paixão principal, a santa perseverança e seu amor, com perfeita uniformidade à sua vontade. Santa Teresa advertia: "A oração não é momento de tratar com Deus de negócios pouco importantes como ficar pedindo coisas materiais".

Quanto ao 5º, ajuda muito juntar a união com Deus a memória contínua de sua *presença*, lembrando que ele sempre está nos vendo em qualquer lugar, ouvindo-nos, ao nosso redor e dentro de nós. Ao esquecimento disso Santa Teresa atribui todas as suas faltas: "Todos os danos nos vêm por não percebermos que Deus está presente, mas crermos que está distante". Isso acontece porque amamos pouco a Deus. Dizia a santa: "Quem ama de verdade sempre se lembra daquele que ama". Para essa memória da presença divina, ajuda muito usar um sinal em si mesmo, na mesa ou no quarto. Acompanhar essa recordação com pequenas orações, atos de amor ou de oferecimento: "Meu Deus eu vos amo. Quero somente a vós, somente vossa vontade. Entrego-me inteiramente a vós", e assim por diante.

Quanto ao 6°, fazer os *exercícios espirituais* todos os anos por dez ou, ao menos, oito dias, afastando-se, então, de todas as atividades e conversas, para tratar apenas com Deus. Ó, quantas pessoas se tornaram santas com os retiros! Também ajuda renovar o espírito com *um dia de retiro* ao menos uma vez por mês; e depois, durante o ano, fazer, com especial devoção, as novenas do Santo Natal, do Espírito Santo, das sete festas de Maria, com um obséquio especial todos os dias, como o rosário e a visita; e, em todos os sábados, em sua honra fazer o jejum com pão, ou, ao menos, nas vigílias das sete festas. Notemos o que diz Santa Teresa: "Ó, quanto agrada ao Senhor qualquer serviço que se faça à sua Santíssima Mãe!" Da mesma forma, também fazer a novena de seu santo advogado especial e ter particular devoção aos santos apóstolos, pais da fé.

Por último, vem junto com o amor e a união com Deus o *amor ao próximo*. Quanto ao amor *interno*, desejar ao próximo aquele bem que queremos para nós; não desejar o mal que não queremos; alegrar-se com nossa vontade por seu bem e lamentar seu mal, mesmo se tivermos certas resistências. Quanto ao amor *exterior*, depois, é necessário: 1. Não murmurar contra o próximo, nem ridicularizá-lo ou debochar do que faz, mas falar sempre o bem sobre ele, defendê-lo, escusando, ao menos, a intenção. 2. Consolá-lo nas aflições. 3. Socorrê-lo nas necessidades espirituais e corporais, particularmente nas enfermidades. 4. *Ser condecendente com o próximo*, como exprime Santa Teresa, sempre que não houver pecado. Mas é necessário (adverte São Francisco de Sales) dedicar o tempo oportuno para si e para o próximo. E, quando se falta ao próximo por recolhimento pessoal, procurar achar ocasião para atender seus pedidos. 5. Não dar mau conselho e mau exemplo ao próximo. 6. Às vezes, será necessário corrigi-lo, mas com doçura e no momento adequado, não quando estiver agitado e nervoso. Por último, ficar atento para fazer o bem a quem nos faz mal, ao menos, falar bem dele, tratá-lo com doçura e rezar por ele a Deus, buscando não gravar no pensamento os desencontros, as asperezas e os desaforos que achamos ter recebido dele.

Chegando ao final dessa breve prática, notemos os ensinamentos que Santa Teresa nos deixou em diversos trechos de seus escritos:

– *Todos os nossos esforços servem para muito pouco se, quando jogamos fora a confiança em nós, não a colocamos em Deus.*

– *Como não queremos nos decidir a entregar nosso amor inteiramente a Deus, também não recebemos inteiramente o tesouro de seu amor.*

– *Da devoção só para aparecer, livrai-nos, Senhor.*

– Tenho experiência de que, muitas vezes, o que mais afugenta os demônios é a água benta.

– Tudo o que pudermos fazer é simplesmente lixo em comparação com a mínima gota do sangue que o Senhor derramou por nós.

– Se fazemos a nossa parte, não devemos temer faltar, da parte de Deus, a ajuda para nos tornarmos santos.

– Não tenhamos medo de que Deus deixe sem recompensa um simples ato como erguer os olhos e lembrar-se dele.

– Jamais Deus envia um trabalho que já não venha acompanhado com uma graça em pagamento.

– Se a alma não se afastar dos gostos mundanos, rapidamente voltará a ficar fria no relacionamento com o Senhor.

– Não fale sobre suas tentações com pessoas imperfeitas, pois causará dano a você e a elas; fale com pessoas santas.

– Seu desejo seja ver a Deus; seu temor, perdê-lo; e sua alegria o que pode o conduzir a Deus.

> Viva Jesus, Maria, José e Teresa,
> agora e por todos os séculos.
> Amém. Assim seja.

II

ATO DE CONSAGRAÇÃO DE SANTO AFONSO A SANTA TERESA DE JESUS

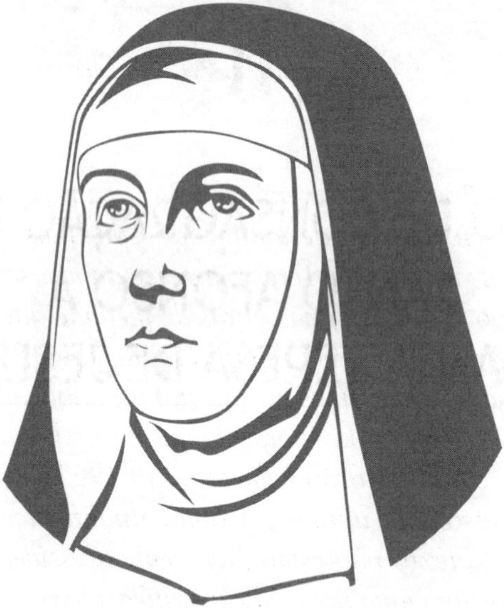

1
O ATO DE CONSAGRAÇÃO DE SANTO AFONSO A SANTA TERESA DE JESUS (C. 1732)[1]

Pe. André Sampers, C.Ss.R.

Resumo: *Por volta do ano de 1732, Santo Afonso redigiu, em seu caderno de anotações espirituais, o texto da Consagração a Santa Teresa, acrescentando sete promessas, ou votos, de algumas obras de piedade que se propôs a cumprir em honra da referida santa. Em 1858, o texto da Consagração (sem as promessas) foi publicado pela primeira vez pelo Pe. Leopoldo Dujardin na língua original, italiano, e em tradução francesa. Em 1922, o documento foi impresso mais uma vez. Como, atualmente, essas duas edições do texto não estão facilmente acessíveis, pareceu-nos oportuna uma nova edição crítica a partir do original, conservado no Arquivo Geral Redentorista. A Consagração de Santo Afonso a Santa Teresa é o primeiro testemunho da altíssima veneração do fundador dos Redentoristas para com a santa de Ávila, que, já por volta de 1732, tinha escolhido como sua particular mãe e advogada.*

---

[1] SAMPERS, André. L'Atto di Consacrazione di S. Alfonso a S. Teresa di Gesù, c. 1732. In: *Spicilegium Historicum*, Ano 23, 1975, fasc. II, p. 241-245.

Em recente conversa com alguns padres carmelitas, o assunto recaiu sobre a Consagração de Santo Afonso a Santa Teresa de Jesus. O documento é mencionado entre os escritos ascéticos do Santo Doutor nas *Acta Doctoratus*[2] e, mais detalhadamente, na Bibliografia dos Escritores Redentoristas[3] e na Introdução Geral às *Opere Ascetiche* de Santo Afonso.[4] Porém, na pesquisa para localizá-lo, percebemos que, atualmente, não é muito fácil tê-lo à mão e uma nova edição poderia, então, ser útil.

O texto original da Consagração encontra-se nas p. 69-70 de um pequeno caderno de Santo Afonso, no início do qual ele mesmo anotou, a modo de título, "Cose di Coscienza".[5] Nesse caderninho, escrevia, entre 1726-1740, com pequenos acréscimos nos anos 1741-1743, muitas informações de caráter estrita-

---

[2] Por *Acta Doctoratus* se entende comumente a "Positio" elaborada pela Sagrada Congregação dos Ritos por ocasião da causa do doutorado de Santo Afonso. Uma acurada descrição do grosso volume, que no frontispício traz a data "Romae 1870", pode ser encontrada em Spicilegium Historicum 19 (1971) p. 25. A Consagração a Santa Teresa é mencionada no *Summarium*, p. 85, como a número 3 das obras ascéticas, mas sem data.

[3] M. DE MEULEMEESTER, *Bibliographie générale des écrivains rédemptoristes* I., La Haye-Louvain, 1933, na p. 173 dá à Consagração a Santa Teresa o primeiro lugar no elenco das obras póstumas.

[4] Publicadas em Roma, 1960. Na p. 14, O. Gregorio menciona o documento como a n. 3 das obras póstumas.

[5] O pequeno caderno encontra-se no Arquivo Geral dos Redentoristas, SAM VI 10. Uma acurada descrição, feita por F. Ferrero, pode ser consultada em *Spicilegium Historicum* 21 (1973) p. 201-202.

mente pessoal.⁶ Complementam o primeiro caderno outros dois pequenos volumes com anotações semelhantes, cobrindo, respectivamente, os anos de 1741-1761 e 1766-1780.⁷

Embora não seja possível determinar, com exatidão, o ano em que foi escrito o texto da Consagração, somos inclinados a situá-la em 1732, ano que o contexto geral parece sugerir. Contudo o argumento mais convincente é de que, seja a caligrafia, seja a qualidade e a cor da tinta, assemelham-se muitíssimo, para não dizer que são idênticos, àqueles de outras informações que, com certeza, são datáveis do ano de 1732.⁸

O texto foi descoberto ou, mais exatamente, "redescoberto", em 1858 e, no mesmo ano, inserido pelo Pe. Leopoldo Dujardin à sua tradução francesa do li-

---

⁶ Uma análise do conteúdo *ibid.* 203-205. Está programada a edição do caderninho. No entanto, é possível prever que a execução desse projeto será bastante árdua, seja pelo mau estado de conservação de bom número de folhas, seja pelo escrito, às vezes, quase ilegível. Também não será fácil inserir em seu contexto e interpretar corretamente as muitas informações inseridas de maneira concisa, com numerosas abreviações e expressões incompletas.

⁷ Arquivo Geral Redentorista, SAM VI 9a e 9b. Também estes cadernos de conversação merecem uma edição, embora sejam menos reveladores da personalidade de Santo Afonso se comparados aos dos anos de 1726-1740.

⁸ Também o Pe. Ferrero, na sua cronologia provisória das informações contidas no caderninho, coloca a Consagração a Santa Teresa em 1732; mas acrescenta um ponto de interrogação *Spicilegium Historicum* 21 (1973) 208 no início, 209 no final.

vro de Santo Afonso em honra de Santa Teresa.⁹ Santo Afonso tinha mandado publicar esse seu primeiro escrito em forma de livro, superando as 100 páginas, em Nápoles, em 1743, com o título *Considerazioni sopra le virtù e pregi di s. Teresa di Gesù, tratte dagli ammirabili suoi detti e fatti, insieme colla Coronella in suo onore e una breve Pratica per la perfezione*.¹⁰ Dujardin intitulou sua versão *Neuvaine en l'honneur de s. Thérèse*,¹¹ título já usado no tempo de Santo Afonso, na edição de Remondini de 1783.¹² No final do *Préface du traducteur*, datado "Juillet 1858", é apresentado o texto original italiano da Consagração (p. X-XI). A tradução francesa foi inserida entre a *Méditation pour la fête de s. Thérèse* e a *Pratique de la perfection* (p.

---

⁹ Dujardin diz que "l'acte de consécration à s. Thérèse vient d'être découvert parmi les papiers de s. Alphonse, que l'on conserve à Rome dans la Maison généralice de sa Congrégation". O primeiro caderninho espiritual de Santo Afonso certamente já era conhecido por volta de 1840, como demonstra uma cópia conservada no Arquivo Geral Redentorista, SAM III.
¹⁰ Cf. DE MEULEMEESTER, *op. cit.* 53, n. 4.
¹¹ Com um subtítulo indicando as diversas considerações e orações contidas na obra: *Petite couronne, Neuvaine de considérations, Méditation pour la fête, Acte de consécration et Pratique de la perfection;* Paris-Tournai, Casterman, 1858; 12,5 x 8 cm, XII-156 p. Embora De Meulemeester conheça o opúsculo (*Bibliographie Générale* I 173), não o inseriu no elenco das traduções francesas das obras de Santo Afonso *(ibid.* 257-258).
¹² *Novene del Cuor di Gesù, di s. Teresa e Settenario di. s. Giuseppe,* operette dell'Illustriss. e Reverendiss. Monsig. D. ALFONSO DE LIGUORI; Bassano, a *spese* Remondini di Venezia, 1783; 14,5 x 8,5 cm, 156 p. Nas páginas 41 e 43 o título da segunda parte da obra é: *Novena in onore di s. Teresa.* O mesmo título consta no índice, p. 154.

118-119). O Pe. Dujardin inseriu a tradução no volume VIII da edição francesa das obras ascéticas de Santo Afonso, conservando, no entanto, o *Préface* de 1858 com o texto italiano.[13] A única reimpressão do Ato de Consagração em língua original, enquanto sabemos, foi realizada em 1922, em Milão.[14]

A veneração de Santo Afonso por Santa Teresa foi muito bem confirmada várias vezes, bem como a influência da Santa de Ávila sobre a espiritualidade afonsiana tem sido repetidamente destacada; razão pela qual damos apenas uma referência sobre esse aspecto.[15]

---

[13] *Oeuvres complètes* de S. ALPHONSE DE LIGUORI, traduites de l'italien et mises en ordre par L.-J. Dujardin. *Oeuvres ascétiques* VIII; Paris-Tournai, Casterman, 1862; 18 x 11 cm, [IV]-505 p. Nas páginas 457-458, *Acte de consécration à s. Thérèse*, com uma nota remetendo à publicação de 1858 para o texto original italiano.

[14] O título da obra não é muito claro. No frontispício: *Santa Teresa di Gesù. Compendio della vita della santa e pie pratiche in onore della medesima* di S. ALFONSO DE. LIGUORI; Milano, Tip. S. Lega Eucaristica, [1922]. Na capa: *Nel III centenario della canonizzazione di S. Teresa di Gesù riformatrice dell'Ordine Carmelitano 1622-1922*. No Prefácio, datado "Roma, 12 Marzo 1922", lê-se que "i padri Carmelitani Scalzi hanno voluto ridare alle stampe questa preziosa operetta" (p. 6). Nas páginas 160-161, está o *Atto di consacrazione a s. Teresa*, que é uma reimpressão do texto editado por Dujardin, com os mesmos erros de transcrição (ver, abaixo, as notas), com alguns leves retoques na questão linguística.

[15] V. PEREZ DE GAMARRA, *El discipulo mas ilustre de la escuela ascética española: S. Alfonso M. de Ligorio,* Madrid 1924; K. KEUSCH, *Die Aszetik des hl. Alfons M. von Liguori,* Paderborn 1926; M. MANDERS, *De liefde in de spiritualiteit van s. Alfonsus,* Brussel-Amsterdam 1947; O. GREGORIO, *Alfonso M. de Liguori, Spiritualità alfonsiana,* in *Dizionario degli Istituti di Perfezione* I [1974] 483-488. Parece-nos, no entanto, que ainda está por fazer um estudo exaustivo para estabelecer com exatidão em qual medida a doutrina e os escritos de Santa Teresa foram uma fonte para Santo Afonso.

A Consagração a Santa Teresa é o primeiro documento de Santo Afonso atestando a altíssima estima por sua "particular mãe, mestra e advogada". Portanto é oportuno ter presente esse texto nos estudos sobre a espiritualidade do fundador dos Redentoristas.

2
CONSAGRAÇÃO A SANTA TERESA ESCRITA POR SANTO AFONSO

Seráfica Virgem, dileta esposa do Verbo Divino,
Santa Teresa de Jesus.
Eu, embora indigníssimo de ser vosso servo,
mas movido por vossa grande bondade
e pelo desejo de vos servir,
escolho-vos, hoje, na presença da Santíssima Trindade,
de meu anjo da guarda e de toda a corte celeste (depois de Maria),
como minha particular mãe, mestre e advogada.
E, firmemente, proponho-me servir-vos sempre
e fazer quanto possa para que, também dos outros,
sejais servida.
Suplico-vos, então, Minha Seráfica Santa,
pelo sangue de Vosso Esposo, derramado por mim,
que me recebais no número de vossos devotos
como vosso servo perpétuo.
Favorecei-me em minhas ações
e impetrai-me a graça de que, de hoje em diante,
imite vossas virtudes,
caminhando na verdadeira estrada da perfeição cristã.

Assisti-me, de modo particular, na oração
e alcançai de Deus para mim parte daquele dom,
que em vós foi tão grande,
a fim de que, contemplando e amando o Sumo Bem,
os meus pensamentos, as minhas palavras e obras
não venham a ofender, minimamente que seja,
os vossos olhos e os do nosso Deus.
Aceitai essa pequena oferta,
em sinal da servidão que vos professo,
assistindo-me na vida
e, particularmente, na hora de minha morte.

Prometendo-vos, então:
1. Promover vossa devoção em todas as partes.
2. Fazer, todos os dias, ao menos meia hora de oração.
3. Ensiná-la aos outros. E promover ainda a devoção das 40 horas, indo uma vez em cada igreja fazer um pouco de oração a vós.
4. Trazer por cima vosso escapulário, recitando, todos os dias, 9 Ave-Marias.
5. Fazer, todas as quartas-feiras, 3 atos de mortificação.
6. Nas 9 quartas-feiras etc., ir até uma de vossas igrejas ou até uma imagem vossa. E aí fazer um pouco de oração, e recitar 9 Pai-Nossos, Ave-Marias e Glórias, e 9 atos de mortificação, e 15 minutos de oração sobre vossa vida.

7. Jejuar na vigília de vossa festa.

Sejam louvados Jesus, José, Maria e Teresa em companhia. No mesmo caderninho de Santo Afonso, na página 57, encontra-se o texto que pensamos ser um posterior detalhamento do que havia prometido fazer em honra de Santa Teresa no ano de 1732. No contexto das outras informações das páginas 57-58 – que, em parte, são detalhamentos de alguns votos feitos anteriormente –, esse texto parece ser datado por volta de 1734.

Voto a Santa Teresa. Quando estiver nas nossas casas, dizer, toda quarta-feira, 9 Pai-Nossos, Ave-Marias e Glórias. Além disso, não comer frutos, nem segundo prato.

1. Entenda-se: apenas frutos crus, não cozidos. Nem verduras.

2. Apenas quando estiver nas nossas casas, e desde que haja licença expressa do Superior daquele lugar, se o Superior for outro.

3. Desde que haja 3 pratos e eu esteja *realmente bem*. Bastará, então, deixar o 2º prato, ainda que haja 3, ou mais.

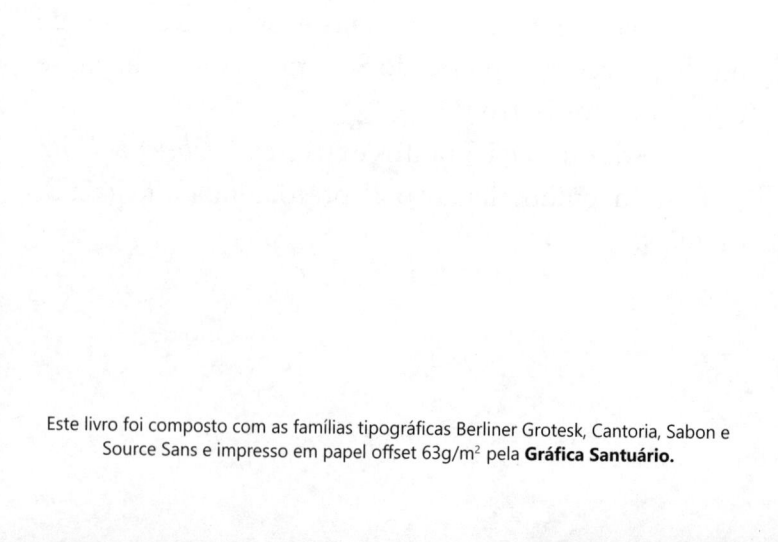

Este livro foi composto com as famílias tipográficas Berliner Grotesk, Cantoria, Sabon e Source Sans e impresso em papel offset 63g/m² pela **Gráfica Santuário.**